爸爸去哪儿

第二季 ②

《爸爸去哪儿》栏目组 编著

Where
Are We
Going? Dad

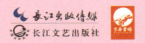

长江出版传媒

长江文艺出版社

京华书苑

新出图证（鄂）字 03 号

图书在版编目（CIP）数据

爸爸去哪儿. 第二季. 2 /《爸爸去哪儿》栏目组编著.——
武汉：长江文艺出版社，2014.11
ISBN 978-7-5354-7661-6

Ⅰ.①爸…　Ⅱ.①爸…　Ⅲ.①电视节目－拍摄－概况－湖南省
②儿童教育－家庭教育　Ⅳ.①G229.276.4　②G78

中国版本图书馆CIP数据核字（2014）第226449号

　　本著作为湖南广播电视台官方图书。由湖南广播电视台授权京华傲博（北京）文化传播有限公司和光明日报出版社品牌文化编辑部委托长江文艺出版社和北京时代华语图书股份有限公司在中国大陆地区出版发行中文简体字版本。非经书面同意，不得以任何形式转载和使用。

　　版权所有，侵权必究。

　　华一律师　何淑光 15011303284

统　　稿：马志明　　　　　　　图书监制：郎世溟　刘杰辉
责任编辑：吴 双 胡 家　　　　特约编辑：王元平
装帧设计：晓 东　　　　　　　版式设计：小 虫
责任校对：刘配书　　　　　　　责任印制：张伟民

出版：长江出版传媒　　　　　　地址：武汉市雄楚大街268号
　　　长江文艺出版社　　　　　　邮编：430070
发行：长江文艺出版社
　　　北京时代华语图书股份有限公司　（电话：010-83670231）
http: //www.cjlap.com
E-mail：cjlap2004@hotmail.com
印刷：北京尚唐印刷包装有限公司

开本：690毫米×980毫米　1/16　　印张：16.5
版次：2014 年11月第1 版　　　　2014 年11月第1 次印刷
字数：200千字

定价：39.80元

《爸爸去哪儿》第二季
湖南广播电视台官方图书

出 品 人：吕焕斌

编 委 会：张华立　　胡卫箭　　龚政文

　　　　　罗　毅　　罗伟雄　　聂　玫

　　　　　王　维　　穆　勇　　黄　伟

　　　　　王　平

总 监 制：张华立

监　　制：李　浩

策　　划：谢涤葵

主　　编：谷　良　　刘正勇

首席编辑：杨　昀　　阳　光　　宋　洁

编　　辑：罗　希　　刘双昀

这是一次不会褪色的旅行

谢涤葵（《爸爸去哪儿》总导演）

去冬，今夏，最冷的最热的都是时光。

去年末，在中国最北边的雪乡，《爸爸去哪儿》第一季画上句点。今年初夏，在中国大西南的"火炉"重庆，第二季重新出发。一北一南，一寒一热，同样极致的地域，同样极致的天气，凑巧地表达了我们内心最深处的愿景。

我们很想把这档节目做到极致。当然，这很难。

不得不承认，《爸爸1》的成功给《爸爸2》带来了巨大压力。光环之下的再次出战，往往比籍籍无名白手打天下时更难。稍有闪失，我们就会砸掉辛辛苦苦拼下来的"爸字招牌"。

无数个深夜，我和我的同事因思及《爸爸2》的创意和走向而辗转难眠。是保留《爸爸1》里的部分星爸萌娃以稳为先，还是推出全新阵容从零开始？这是一个艰难而又纠结的取舍过程。决定回到起点，并不容易，但我们更希望自己所做的，不是简单延续上一个辉煌，而是重新创造下一个奇迹。芒果人骨子里就是有这么点"不作死就不会死"的倔劲。

再次出发时，满中国的荧屏都刮起了"爸爸风"。众声喧哗中，我们更冷静前行。依然是"踏破铁鞋"遍寻嘉宾，依然是"上刀山下火海"甄选"奇地"，依然是身先士卒体验各色环节，依然是 24 小时不间断地头脑风暴。

我记得去虹口原始森林拍摄的那期，条件非常艰苦。当时有导演问我，为什么选这种地方啊？人爬上去了都要死！后来我们动用了直升机，才把人和物资送上去，还在上面修了一个直升机的停机坪。这个工程是相当大的，但没有人抱怨。所有人都在自己的岗位上全力以赴，没出任何问题地把节目拍出来了。

同样全力以赴的还有五位爸爸。就如观众所言，《爸爸2》对爸爸的考验难度远超《爸爸1》。黄磊有次和我开玩笑说："你们这个节目到底是真人秀还是整死人秀？"说得夸张一点儿，参加这档节目可能比他们去拍几部动作片还累，但是爸爸们私下没有一句怨言，反而在节目中很走心。而六个萌娃，就像六个小精灵一般，我在现场常常被他们的无邪逗笑，又被他们的纯真感动到落泪。

我想，这正是《爸爸去哪儿》不同于其他节目的地方。它真实、有力量、有情感，总是能在不经意间击中你柔软的内心，让你欢笑，让你落泪。

8 月的中国，走到哪里都是骄阳似火。很多次，我们一百多号人的大部队走在烈日下，脸晒得通红，腿走得灌铅，支撑我们信念的除了晚餐的冰啤酒，便是星爸萌娃们的欢笑声。

我相信，这是一次重温再多遍都不会褪色的旅行。明天太阳照常升起，"爸爸"依然幸福前行。而已有的这些时光，我们在镜头里寻找，在文字中回味。

爸爸，我们出发吧！

目　录

第二季

第一章　丛林探险记

001

第二章　野人奇遇记

第三章　草原篝火记

033

057

第四章　牧场抓羊记

081

第一章

丛林探险记

　　宝贝，人生是一场冒险。所谓最好的陪伴，就是当你面对困难和挑战，一想到我，就会从心里生出一点的勇气和决心。

第一节
不哭了，哭过就好了

痛苦或者思考，纠结或者快乐，《爸爸去哪儿》一路带给爸爸和孩子们的收获与感受，也许不是他们人生之最，但孩子们在其中的成长之大，不容小觑。

经过尽管疲惫却依然快乐的旅途，从外面的天地回到家中，曹格爸爸指着电视中哭得梨花带泪的女儿说："姐姐，你哭哎。下一次你还会哭吗？"口齿伶俐的姐姐欣然回答："不哭了，哭过就好了。"一句话，让爸爸的心都化了。

哭过就好了，这是一个三岁多小女孩自己领悟的生活哲学，让人赞叹。其实，就像陆毅爸爸所说的，有时大人对小孩的一些担心，完完全全是多余的。可能让孩子更早地去经历磨练，反而会更快地长大，脾气性格也会越来越好，成

为一个乐观的人。贝儿脸上常挂着爽朗阳光的笑，也正是印证了爸爸所说的好性格。

对于儿子杨阳洋，这个低气压男孩在旅途中的变化，杨威爸爸也感到十分欣慰："首先我是觉得他长大了，因为每一次都会经历一些心情的变化，和其他的一些小伙伴们，去共同经历学习了一些东西，承担了一些东西，分享了一些东西。"

拥有一个懂事女儿多多的幸福老爸黄磊，心愿则是希望在女儿面前，自己会是一个无所不能的爸爸，是一个让女儿骄傲的爸爸。黄磊在采访中坦言，女儿是他人生最大的支点。（女儿多多出嫁时，黄爸爸的不舍，可以想象。）

Feynman爸爸吴镇宇接受媒体采访谈到儿子时，不好意思地告诉记者，由于自己在孩子妈眼中也是个大的小朋友，所以觉得他比较危险，不想让孩子跟着他出门，而孩子妈对孩子的管束更严格一些。原来Feynman不仅有一个严父，还有一个严母。

无论如何，就在大人们纷纷高呼不想长大时，孩子们正苗壮成长起来，一点一点点燃了生命的希望。为了更美好的明天，成长之旅，需要继续前行。

第二节
食物坐降落伞飞走了

《爸爸去哪儿》第二季的第四次出发，等待五个家庭的将会是一场怎样的旅行呢？

"知道这次要去哪儿吗？""山里。"贝儿迷迷糊糊地回答爸爸。

　　"我希望是雨林，这样就可以爬到很上面，最上面是最高森林。"多多完全沉浸在自己勾勒的画面中。

　　"森林。"杨阳洋强忍着困意和刺眼的阳光，给出了正确答案。

　　曹格爸爸担心的则是森林里没有屋子，大家要住在树上，要自己盖房子。Joe一听，"耶！"兴奋地大叫起来："太棒了！可以一起住，最好了！"

　　吴镇宇对森林则完全没有概念，难道有很多树就算了吗？不理老爸的碎碎念，盯着车窗外的Feynman，心早已飞远。

　　车队沿着蜿蜒的峡谷往山中疾驰，车窗外满眼的绿色不停地往后退去，远处的茫茫山林迎面拥来。长途跋涉之后，大家来到了四川省成都市的都江堰。举世闻名的都江堰水利工程，始建于公元前256年，2000多年来一直为成都平原的防洪灌溉保驾护航，有着"天府之源"的美誉。目的地就在都江堰西北部的虹口乡，那里有着美丽的山中丛林。

眼尖的Joe透过车窗看到了停在不远处的几架直升机，兴奋地大叫。要坐直升飞机了，孩子们期待的心情如小兔乱蹦。杨阳洋以为看到了巨型玩具，对其中的黑色飞机情有独钟，Feynman喜欢蓝色，老爸吴镇宇却不停打岔，说喜欢的飞机可能坐不上。

下了车，细心的黄磊给女儿喷上防蚊虫的药水，然后回归了他的教师岗位，把Joe、杨阳洋和Feynman叫到一起，命令："你们三个站一排，站好，立正，木头人，好！"一个一个喷上防蚊虫的药水，又逮住了刚刚在陆毅爸爸肩头醒过来的贝儿和刚刚下车就一个劲找杨阳洋的Grace，喷完A面喷B面，进行全身武装。

很久没见到村长，孩子们都很想念。古灵精怪的贝儿想了个主意："我们把村长扔到水里吧。"多多连忙叫好。穿成小白兔的Grace萌呆到无敌，多多爱心大起，一个劲叫"让我亲一下好不好"，"啵啵啵"，来了个十连亲。

这时，远远的天际突然传来了轰鸣声，Joe第一个发现了快速飞来的直升机，原来是村长来了。村长李锐穿着一身洁白的飞机机长的服装，戴着肩章，帅气十足，一下飞机，孩子们就扑了上去，一个个要求村长抱抱，完全忘了刚刚还想着使坏呢。

村长告诉大家，由于没有路进山，所以要到达这次旅途的露营地，必须乘坐飞机。登机的时候，节目组的工作人员再一次把乖乖带到了多多身边。

戴着兴奋和新奇，飞机很快就到达了丛林深处，降落在《爸爸去哪儿》的专用停机坪上。

宽阔的停机坪上喷画着"爸爸去哪儿"的标志，四周林山苍茫，没有道路。远离都市喧嚣，云雾漫漫，溪流淙淙，景色怡人。

村长带着意味深长的笑容说："山中丛林的条件很艰苦，只有山腰处几间屋子的小营地，今天吃的东西也要用很特殊的方式才能得到。"

　　大家一阵乱猜，曹格幻想："打猎？"杨阳洋的答案稍微靠谱些："找？"吴镇宇和Feynman父子答案高度一致："去超市买。"果然是上阵父子兵啊，志趣完全相投。李锐感到很无语："山上没有超市，找不到，也买不到，怎么办？"

　　一架徐徐飞来的直升机给出了答案，它是来空投食材的。老爸和孩子们纷纷盯着直升飞机。穿着亲子迷彩套装的陆毅父女格外显眼，陆毅低下头轻声对女儿说："我们看它扔到哪里，就去找好不好？"表情温柔而阳光。贝儿点头说好。

　　第一箱食材扔了下来，多多瞄准方向飞奔过去，因为距离太远，只好放弃。陆毅用专家的语气说："目测距离1.5公里。"

　　直升机越飞越近，一个，又一个，接连投下了五箱食材，最后绕开一大圈，将最后一箱食材扔到了视线之外。爸爸们甚至怀疑，它是不是"出国"了。

第三节
最厉害的小朋友

　　食材全部投下后，村长宣布了新的任务：找食材。

　　各位老爸和孩子们需要徒步走进没有路的密林，找到所有的食材。

　　其中一箱食材就落在离停机坪不远的屋子旁边，身为运动健将的杨威带着杨阳洋和多多很快就把它找了回来。然而，剩下的食材就没那么好找了，爸爸和孩子们决定分组完成任务。

　　（孩子的好奇心有巨大的能量，它有时能影响孩子的行为所有在生活中，家长应学会引导孩子这颗好奇之心。。）

　　多爸黄磊最有办法，Grace太小走不了丛林山路，便对她进行引导："我们现在要派两个最厉害的小朋友在这里看东西，我认为其中一个是'姐姐'。'姐姐'留下来看东西，好不好？"笑容中透着亲切，这种气场让人很容易亲近。

　　小丫头完全呆萌了：我是最厉害的？承让承让，好吧，答应了。"你要保护那个箱子，要保护乖乖，不能放手。"曹格赶紧嘱咐女儿一番，Grace很听话地走到箱子跟前。

　　（对孩子而言，赞扬性的引导永远比强制性的命令更有效。）

　　"剩下的五个小朋友，有谁愿意留下来照顾'姐姐'？"安排好爱哭的Grace后，多爸很有成就感，耐心地做进一步引导。Feynman连忙举起手来，又突然把手放下，冲着老爸们热烈的目光，一个劲摇头："不是我，是Joe。"Joe一听，急着说："我不要，我要去找。"

　　"杨阳洋！"Feynman又指了指"淡定哥"。Joe也在一边帮腔：

"我知道为什么是杨阳洋，因为'姐姐'喜欢杨阳洋。"杨阳洋面无表情，一声不吭，坚定地摇了摇头。或许他已在自己的心里勾勒了一幅画面——遇见森林之王应该怎么打招呼呢？他的宝藏又放在哪里？

孩子们憧憬着这次难得的丛林体验，都盼着参与搜寻食材。聪明的黄磊也无计可施，只好分派任务："多多，你跟贝儿，一个人陪一次，另外一个人出去找食材，好不好？"多多很体谅爸爸，乖巧地说："那好吧。"

于是，多多和贝儿轮番"留守"。其他人员分成三组，杨威带着孩子们寻找最近的两箱食材，陆毅和吴镇宇寻找较远的三箱食材，而曹格和黄磊寻找最远的那箱可能"出国"的食材。

看着爸爸们和小伙伴们纷纷离开，多多左手牵着Grace，右手抱着乖乖。

看着Grace穿着洁白的小兔子一样的衣服，红红的脸蛋像小苹果一样，太可爱了，多多忍不住把嘴靠过去给了一个亲亲。Grace也把脸靠过来迎接多多，真是感情深厚的一对好姐妹。

另一边，第一组的杨威爸爸带着Feynman、贝儿、杨阳洋和Joe，手牵着手，一步步往林中搜寻。没走几步，Joe往一块石头上一站，仰起头，手往额头上一搭，再一次发挥了他肉眼侦察兵的顶级眼力，一下就看到了掩映在丛林中第二箱食材。

"初战告捷"令队伍士气大振，小伙伴们干劲十足，不停地喊着加油的号子。"我怎么一点都不累，我好奇怪。"拄着小拐棍的贝儿边走边碎碎念。具备"鹰眼"特异功能的Joe叽叽喳喳地对着他喜欢的多多姐大喊："我们找到了第二个，在Feynman的手上！"Feynman用一根木棍把食材挑着，吭哧吭哧就搬回了停机坪。

下面，轮到多多去寻找食材了。杨威嘱咐贝儿看家，小女孩很听话地牵着乖乖，承担了留守任务。杨威带着孩子们第二次出发，运气超级好的宝贝们很快就又找到一箱食材，顺利地完成了任务。

第二组这边，"影视双星爸爸组合"的陆毅和吴镇宇搜寻着较远的三个箱子。一进树林，他们就找不到路了，幸好发现了给空投食材定位用的火堆，两位爸爸立刻做出判断，食材肯定就在附近。他们的判断非常准确，很快就找到了三箱食材，完成任务。

而第三组的黄磊和曹格就没那么幸运了。两人分开寻找，一会儿就转晕了，隔着茂密的丛林互相询问："找到了？"结果都以为对方找到了，见了面才知道闹了个笑话。

林间的路途异常崎岖，枯枝和野草遮掩了凸出的石块，走起来跌跌撞撞。空对着看不到边的森林，曹格和黄磊有点"林深不知处"了。渐渐地，他们俩在林叶遮蔽中走散了，曹格高声呼喊黄磊，无人回应，空荡荡，静悄悄，连回音也无。

直到最后，曹格和黄磊也没有找到最后一箱食材。

第四节
小狗狗要鼓励

美美的午休过后，雨停了。天空分外清晰明亮，山林间雾气环绕，有了点仙境的感觉。

走在湿滑的山路上，爸爸们抬着长长的木棍，让宝贝们扶着，防止滑倒。喊着整齐的号子，队伍又出发了。

原来下午的活动是小动物赛跑，来到围着黑色围栏的赛场，小宝贝们充满了期待。小宝贝们需要到山里找一个小动物伙伴，然后带到场地完成比赛。随着村长说完"看谁的小动物能够跑得最快"，孩子们"哒哒哒哒"地就跑向山中找小动物了。

"当然是我了。"坚定"拿第一"的比赛小王子杨阳洋信心十足。有着冠军爸爸和铜牌妈妈做榜样，杨阳洋有着天生的运动基因。一边跑，他还一边给小伙伴们打气："贝儿，加油！我们就是第一个通过这一关的。Feynman，你也加油！"正能量满满的。

刚下过雨的山路泥泞难行，小宝贝们深一脚浅一脚各自寻找着自己的目标。杨阳洋勇气十足，急急忙忙要走在队伍的前面，一个劲往前赶。

"Feynman，你让我先走吧，好吧，Feynman！"杨阳洋快速超过Feynman，追上了前面的贝儿。"贝儿，我们俩是组成一个队，我们俩赢了。"原来他们已经到了队伍最前面，急行军速度第一。

然而，最前面也没有找到小动物。这时候，Grace在路上哭了起来，要爸爸。小男子汉的杨阳洋最心疼小女生了，赶紧上前帮忙。

"姐姐，来，跟我走！我来照顾你啊。"五岁的杨阳洋像个大哥哥，要保护三岁的小妹妹。

多多在林间的草丛里发现了一个草窝，一窝的小奶狗，超级萌呆可爱。小宝贝们又惊奇又兴奋，纷纷来选自己的baby狗。多多选了一只黑色的，Joe和Feynman都选择了黄色的，贝儿看中了一只棕色狗，赶忙抓住抱走了。Grace够不着小狗，见大家都走了，急着"拜托拜托"别的小宝贝帮她拿。

杨阳洋碎碎念着喜欢黑色，刚拿到心仪的小黑狗，见Grace也喜欢黑色，就把最后一只小黑狗让给了她。他自己选了一只体型最小的黄白双色的花狗。

小宝贝们抱着自己的小狗伙伴回到赛场，各就各位，比赛开始了。在村长裁判的提示下，多多选择了自备"职业选手"，个头较大的乖乖参赛。多爸黄磊一下信心大增，这下宝贝女儿赢定了。

村长裁判一声令下，"走，走，走！"小伙伴们放狗出动，手舞足蹈，为自己的小狗鼓劲。咦，可是怎么完全不是那么回事呢，小狗们都不往前走，比赛不容易啊。

3号赛道上，多多经过了一阵跺脚加喊叫，健将乖乖终于率先发力，在多爸的一声口哨下，哧溜，乖乖就跑到终点了。曹格和陆毅在终点一阵怪叫，要把乖乖吓回去，可是两位终究没有如愿。多多顺利拿下第一名。

4号赛道的Joe也开始找到了诀窍，拿着狗粮哄着小狗，一步步后退，一会儿功夫他的小黄就跑起来了，一路畅通，跃过障碍物到达终点，拿下第二名。

"快点走啦！你！"5号赛道上，Feynman正在拿着狗粮着急地催促，可是小狗狗，你怎么不听话呢？草地有啥好闻的，难道是狗粮不好吃？Feynman把狗粮拿到鼻子底下一闻，哎耶耶，果真是不太好吃呢。在

Feynman的催促驱赶下，小狗害怕了，蔫头耷脑，一个劲往围栏底下钻。
好无奈啊。

　　"BB，BB不怕啊。"爸爸吴镇宇赶紧来帮忙了。吴爸爸轻轻地
抚摸着小狗的背，小狗狗一下子神奇地勇敢起来，顺着吴爸爸的手开

始奔跑。"你看，BB不怕，来，BB，跳。"到达终点。拿下第三名。Feynman又开心又兴奋，爸爸真的好厉害。

2号赛道上，贝儿一开赛就滑了一跤，小丫头看着老爸一阵傻笑，继续比赛。可是她的小棕狗卡在了第一个障碍物后过不来，贝儿一把抱起，哈哈，要是一直抱到终点，就赢了。"放下，放下，不能拿着。"陆爸爸连忙嘱咐。贝儿马上放下小狗，可是它还是不走。眼见不行，陆爸爸也上前指导。一边吹口哨，一边用狗粮引导，唛唛唛，小棕狗也神奇地慢慢爬动起来，第四名属于贝儿了。

1号赛道上的小白兔Grace用超萌的声音甜甜地诱导："小狗狗，过来，过来。"小狗狗无动于衷。Grace在前面走了一会儿，突然犯晕，咦，我的狗狗跑哪里去了？原来小狗走到第一个障碍物下藏起来了。

"在后面啊！对，赶快去帮它，它跳不过来。"爸爸曹格感到超级有趣，宝贝女儿实在太可爱了。

哥哥Joe也过来帮妹妹，团结友爱，两兄妹齐心协力，很快让小狗欢快地奔跑起来，取得了第五名。Grace欢喜地说："我要赢了！"

这时6号赛道的杨阳洋却极不开心，一直渴望拿第一的他见其他小伙伴都到达终点了，压力山大。

"以后我不想在这里玩啦，不喜欢这个狗啦！"看着一路吃得很欢的小狗狗，现在却坐在地上不走，任凭他又推又喂狗粮，都不起作用，杨阳洋伤心自责，急得哭了。

杨爸爸连忙上前给了儿子一个很温暖的拥抱。"小狗狗害怕了，它在发抖就不会走了，你害怕的时候你也不会走，是不是？给它挠挠痒痒，让它身上舒服一点，它就不害怕了。"杨爸爸非常了解儿子怕输的个性，让他放下心理压力，跟小狗培养感情。

小男子汉不哭了，按照爸爸的指导，他温柔地抚摸小狗，并

给小狗狗鼓掌，决定重新出发。小狗狗果然开始移动步子了。

"它现在不抖了，对不对，它就会继续往前走了，对吧？"得到爸爸的鼓励，杨阳洋全神贯注做得很认真，在前面"啜啜啜"地引导着小狗，终于，他的小花跃过一个个障碍，到达了终点。小狗狗太给力了，低气压男生爱上了小花，一下把它抱了起来。

所有的小朋友都完成了比赛，村长告诉大家："不一定每一次比赛都拿第一，最重要的是我们要知道爱护小动物，爱护大自然，也要自己爱运动，好不好？"

"好！"小杨阳洋回答得非常坚定。

是的，不是所有比赛都要分出输赢，过程中收获的才更加重要。

第五节
很神奇的三个字"对不起"

（孩子在成长的过程中，总是会犯一些错误。作为家长，我们不应该因为一些小错而惩罚他们，而要让他们认识到自己的错误，懂得说对不起。）

晚餐时间到了，大通铺上的长长案桌上摆满美味的饭菜，在山中踩得满脚泥的爸爸和孩子们马上就可以进屋吃晚饭了。

为了保持屋子的干净，进屋之前，爸爸和孩子们都要脱掉沾满泥巴的鞋和袜子，而杨阳洋却径直往里闯。

"No shoes！不能穿鞋。"在一边脱完鞋袜的Joe连忙提醒，并指着门上贴着的提示牌。小杨阳洋的情绪却突然爆发，把门上写着"不准穿鞋"的纸全部撕了下来。

"爸爸，杨阳洋把'不准穿鞋'撕掉了。"Joe立马给爸爸打了小报告。

"那多多姐姐会生气哦。"知道杨阳洋喜欢多多姐姐的曹格爸爸使出了杀手锏。吊在曹爸爸脖子上的Grace连忙表示支持："我也会生气，因为屋子是我跟多多打扫的。"

原来上午找到空投的食材箱后，大家第一次来到屋子的时候，多多和Grace一起做了打扫，多多还用抹布将地擦得干干净净。曹格爸爸提议大家脱鞋才能进卧室，多多亲手做了这个"不准穿鞋"的提示牌。

原来是这样啊，这下可怎么办呢？陷入深思的杨阳洋意识到自己犯了错误。

"啦啦啦啦，老爸，老爸。"Feynman捡起撕掉的纸要拿给吴爸爸看。

尴尬的杨阳洋在门边晃悠，决定还是不要进屋了，避开一下，转身去了厨房。爸爸杨威正在厨房生火。听说了情况的杨爸爸决定好好教育一下这个"坏小子"。

"杨阳洋，你过来，你干了件什么事情？"杨爸很生气，后果很严重。

"什么事情？"该来的总是要来，能不能糊弄过去呢，犯了错的小杨阳洋有点底气不足，故意卷着舌头说话。

"你把那张纸撕下来干什么？为什么？"杨爸步步紧逼。

杨阳洋不知怎么回答，却显得有点倔强地说："我就想撕下来。"

"我们每个人都是脱鞋进去，你这么脏的鞋，你进去不是大家都不干净了吗？一会儿我们把它贴起来好吧？"杨爸想要好好培养下儿子的是非对错观念。

"不！"

"为什么不？"

"不想脱。"

"你想穿鞋进去啊？"

"嗯。"

"多多和黄爸爸他们拖了多少遍地，才把地拖干净。然后你踩着泥巴鞋，就往里面踩，地不就白拖了吗？爸爸这样说对不对？"

杨阳洋摇头。可能是感受到爸爸的严厉，小杨阳洋犯了牛脾气，总跟爸爸反着来。眼见对话陷入僵局，最受孩子喜欢的黄磊和最爱逗孩子的吴镇宇都来打圆场。

吴爸爸把杨阳洋拉到一边开导安慰："不要这样，不要生气，你看，最坏蛋那个Feynman都脱鞋了，我们要换鞋，我们现在就马上进去换鞋，好不好？"

听了吴爸爸的话，杨阳洋感觉好像是自己做错了，尴尬地做出了怪表情，把舌头伸得长长的。

"我们去换鞋，证明我们会脱鞋好不好？"吴爸爸牵着杨阳洋又回到了房间。进门之前，杨阳洋乖乖地脱下了鞋。

"阳洋，来，上床。"杨阳洋一进门，就受到Joe热情的欢迎。Joe完全忘了刚才的不愉快。

杨阳洋在吴爸爸的帮助下，很听话地脱掉了沾了泥巴的裤子，爬上了床，浑身感觉轻松起来。

"杨阳洋，就是刚才你爸爸是不是说你了？"最会关心人的大姐姐

多多好像有话要说，回馈她的是杨阳洋低气压的沉默。"这个没关系，杨阳洋，以后你要学会，当你错的时候，你要跟你爸爸说对不起。"

感觉到多多姐姐说得有道理，杨阳洋很认真地聆听。

"在你说对不起的时候，那句话很神，在你犯错的时候，你说对不起，所有事情都会好了。但是呢，杨阳洋，要是你一直不说对不起，事情就会变得越来越大。那你要不要现在，等你好了，你去和你爸爸说对不起？"8岁的多多真的懂得不少，给杨阳洋上了很重要的一课。

杨阳洋不停地眨着眼睛，若有所思。

开始吃晚饭了，孩子们比爸爸们先吃，叽叽喳喳，兴高采烈。这时，刚忙完的杨威回到了房间。

"杨阳洋！你爸爸来了，你记得你要说什么？"一见到杨爸爸，多多就提醒杨阳洋。千万别忘记，可是说好的啊。

杨阳洋停下吃饭，眼睛转了转。

"过来，杨阳洋！多多姐姐让你跟我说什么呀？"杨爸爸抱起了儿子，也想跟儿子好好交流一下。

"爸爸，对不起！"憋了很久的愧疚，一下子释放，泪水在杨阳洋的眼眶里打转。小男子汉成长了。

满满的骄傲和高兴一下子涌上心头。"没关系，爸爸听到了啊，这样才对，杨阳洋，这样才是对的。"杨爸爸用毛巾给儿子擦干了泪水，父子俩的脑袋碰在一起，充满了温暖，充满了爱。

宝贝啊，犯错误其实并不可怕，但是我们要勇于正视错误，改正错误。

第六节
独立是成长的第一步

"哎，我在屋子里闻到谁的脚臭啊？"吃完晚饭，村长李锐就来了。

"我！""我！""还有我！"宝贝们都纷纷起哄，他们最喜欢跟村长玩闹，这是每天必备的娱乐活动。

"还有我！"吴镇宇也举起来自己的脚丫子。

"小村村，来闻我这个。"紧接着"矿工夫妻"黄磊和陆毅也加入

代理村长 我在屋子里闻到

加入孩子阵容整蛊村长

了整蛊村长的行业。

村长决定不干了，只好正经八百地告诉大家，山里面有一个神仙住的树上的屋子，像城堡一样，今天晚上，宝贝们都要住到大树上漂亮的屋子里面去，而爸爸们要留在大通铺过夜。

话音刚落，贝儿就哭了，马上一哭"百应"，宝贝们哭倒一片。孩子们都不愿意跟爸爸分开，对爸爸的依恋和不舍统统爆发了出来，连一直说"不喜欢跟爸爸出来玩"的Feynman都坚持要跟爸爸一起。第一次练习独立，对孩子们来说，是一个不小的挑战。

爸爸们各施手段，好不容易止住了哭声。

村长接着说："今天可以在五个爸爸当中，选一个爸爸，住到树屋陪着大家。我们每个小朋友可以投一票去选，但是不能选自己的爸爸，要选别人的爸爸。"

刚说完，Grace和Joe又哭了，这两个小宝贝对爸爸最依恋，一刻都离不开。

"我不用别人，我选黄叔叔。"勇敢的杨阳洋心有所属，坚决拥护多多爸。

　　村长进一步引导小宝贝，让他们能够自己理解独立的重要性："其实我们每个小朋友都不愿意离开自己的爸爸，对不对？但是为什么可以战胜自己，有勇气去树屋呢？"

　　作为大姐姐的多多，已经有自己独立思考的能力了。"你如果去的话，你就感觉你自己长大了，要不然的话，如果你自己不去，你就永远都是个小妹妹。"多多的理解是，独立是成长的第一步。

　　面对这个问题，像白雪公主一样的贝儿有着丰富的想象。"因为我去了我就可以当仙子，就会飞，还有可以穿裙子。"她的理解是，坚强勇敢才能成为美好的自己。

　　"因为爬树，就可以爬到城堡上面去。"杨阳洋的回答显得简单干脆，小小男子汉很有点勇敢探险的浪漫色彩。

　　当问到Feynman的时候，Feynman思考了一会儿，也说不出什么答案，但是他乐意冒险的态度，也许可以看出这个天坑的足球王子内心深处是个喜欢挑战的选手。

　　收拾好心情后，开始选择哪位爸爸留下来。

　　"Joe，姐姐，你们两个先选，选哪个爸爸？"黄磊首先问到了两个一直没发言的宝贝。没想到两个宝贝立刻悲伤袭来，大哭起来。"我不要选，我要爸爸！"两个宝贝对曹爸爸的依恋超级重啊。

　　看到这一幕，吴爸爸和Feynman商量着说："Joe和姐姐不能离开爸爸，我们是不是要帮助他们？你可以独立嘛，Joe就不能独立，你看！哭的人会变笨，Joe和姐姐会变笨，所以呢，我们帮助他们，投票投给曹叔叔，好不好？"

　　Feynman会心一笑，好吧，就这样。

　　另一边的杨威父子经过商量，再加上吴镇宇爸爸的劝说，虽然杨阳洋犹豫了好一会儿，还是决定改变投黄磊的初衷，转而投票给曹格。毕竟姐姐和Joe哭得太可怜了。

村长开始问每个宝贝的选择。

"我们先从Feynman这儿开始，好吗？除了你爸爸之外，其他的四个爸爸你要选谁？"

"曹格！因为Joe和姐姐很需要爸爸。"经过与爸爸商量后，善良的Feynman坚定无比。吴镇宇感觉儿子真棒，把儿子紧紧抱在怀里。

轮到杨阳洋做出选择了。杨阳洋为难了半天，深思熟虑，很坚定果决地说："黄磊！"小家伙还是坚持了他的初衷，因为他很喜欢"一个漂亮，一个帅"的多多和多多爸爸。

旁边的贝儿依依不舍地跟爸爸陆毅说："你会想我吗？"她虽然知道今天晚上不能跟爸爸一起了，然而当问到"你选谁"时，她还是情不自禁地哭着说："我爸爸。"被再次告知不能选自己爸爸后，贝儿选择了多爸黄磊。看来，"矿工夫妻"一家情分不浅啊。

接下来轮到最关键的多多的选择了。"曹格叔叔！"多多毫不犹豫，"姐姐和Joe哭得很伤心，他们很想要他们的爸爸，要不然他们晚上会睡不了觉。"

现在曹格两票，黄磊两票。"现在双方平了，怎么办呢？"多多还一直记着数呢。

Feynman仰起头一脸童真地说："石头、剪刀、布。"

好主意啊！为了照顾到曹格一家，黄磊悄悄地向曹格暗示：你出石头啊。结果很自然是早已心知的温暖答案，曹格满是感动。

看到爸爸输了，多多表情有着些许的失落，她也只有八岁，也想要自己的爸爸呢。宝贝们尽管很伤心，也要哭着答应爸爸，自己能独立坚强。

晚上注定要由"曹格格"陪着六个"小矮人"度过树屋的一夜了。

第七节
树屋里的勇敢课堂

屋外是黑沉沉的夜，山中大雨滂沱，爸爸们穿着雨衣，背着孩子，在几缕手电筒灯光的指引下沿着泥泞的山路跋涉而行。

宝贝，不要怕黑，不要怕风雨，有爸爸陪着，就会一路顺利。

穿过雨夜，大部队陆陆续续到达林中树屋。树屋中两个小房间里各有一张床，床上都有三个小床位，铺满了柔软温暖的棉被。

刚从曹格怀抱里下来的Grace立刻被神奇的树屋吸引，甜甜地赞叹："好可爱的房间。"到两个房间里左看看右看看。"啊……有蟑螂。"从小在都市生活的小姑娘突然被路过的蟑螂吓到，赶紧拉着刚到的贝儿，"贝儿，我们一起睡吧！"声音都有点发颤了。

被村长一路抱过来的Joe这时也到了，他们在路上很不顺利，还摔了一跤，让Joe更加想念爸爸了，一见到爸爸就忍不住哭了起来。可是老爸

曹格却一直忙着给房间喷上驱蚊水，没有察觉到儿子的小情绪。

"爸爸，为什么你刚才偷偷走了？然后你忘记带我了。"渴望被呵护的Joe对爸爸带着妹妹先到树屋，而遗忘了自己充满委屈。

一直温柔体贴的曹爸爸抱住儿子，"宝贝，我没有忘记你，我叫村长抱你的。我怎么可能忘记你，我永远不会忘记你的。"温暖的声音，让Joe感受到浓浓的父爱，双手紧紧抱住老爸。

神奇的树屋里一阵忙乱，宝宝们脱下雨衣寻找自己睡觉的小床，最后决定，三个同岁男生兄弟睡里屋，曹格爸爸和三个小可爱女生睡外屋，女孩子还是需要爸爸的保护的。

孩子们都安顿下来，爸爸们也要离开了。爸爸们都给自己的宝贝打气，鼓励他们要开心，要勇敢。依依惜别，虽然只有一晚，宝贝们还是忍不住哭了，万千不舍，也只有明天再见了。

杨阳洋的表现最让人点赞，看着爸爸离开，他很淡定，从容地脱掉衣服、裤子和鞋袜，默默地钻进被子里睡觉了。虽然没有爸爸的陪伴，小男子汉也能独立，自己照顾自己了。

随着爸爸们的离开，宝贝们陷入了短暂的失落，都有些低气压。

"咱们一起玩枕头大战。"Feynman的提议打破了僵局，得到了大家的一致支持。很快气氛就变得热烈起来。

里屋羞涩的杨阳洋，一个人躺在床上仔细听着隔壁的动静，感觉好像很好玩。在小伙伴们和曹格爸爸的邀请下，很快加入了游戏。在这个临时的大家庭里，一个爸爸六个萌娃分成两队，曹爸爸和杨阳洋两个对战另外五个。于是枕头大战正式开始。

腼腆的杨阳洋也完全抛开了矜持，兴高采烈地投入大游戏中，嘻嘻哈哈，大家玩得高兴万分。

突然Grace哭了起来，噙满伤心泪对老爸说："你把我的枕头拿走

了，所以，我不能跟大家玩了。"可怜的小表情萌呆了。

最疼爱她的大姐姐多多连忙递上自己的枕头，于是，闹腾再度开始，大家你压着我，我压着你，完全放松了心情，完全不分敌我地混战了。

"猫咪木头人！"曹爸又出新花招。宝贝们反应敏捷，完全不上当，立刻学起了猫咪，静止不动。

"Joe，躺下来的猫咪木头人，为什么你这个不像猫咪，像一只狗啊？"曹爸眼力不是盖的。Joe那两个造型奇怪的小爪子，真的很像躺在地上的小狗。哈哈哈哈哈，小伙伴们笑倒一片。

小猫咪是这样的吗？"姐姐"Grace把两只手贴着脸颊向下垂着，怪模怪样，萌呆100分，还真有几分神韵。

"看我像猫咪吗？"贝儿把两手的五个手指贴在嘴巴两边扮猫胡子，得到了曹爸的高度评价。

"啊！"突然大姐姐多多一声尖叫，原来一只飞蛾停在了她腰间的衣服上。Joe一下子紧张起来。

"飞蛾就像蝴蝶一样，为什么你们会怕这么漂亮的动物呢？"曹爸把飞蛾抓住，放在手心给大家看。Joe小声地说："我不怕。"不过明显有些心虚。多多也连忙躲开，小女生对昆虫还是有一种莫名的恐惧。

擅长跟孩子沟通的曹爸决定给小宝贝们上一堂现场课，教会大家要勇敢。他决定把飞蛾放在孩子的手掌上，让孩子们克服恐惧。

"来，多多，你学习你爸爸，你爸爸很勇敢的。"曹爸很有策略，首先鼓励年龄最大的多多。

全能老爸黄磊一直是多多的榜样，多多瞬间获得满满的勇气："好，放到我手上。"

"好，勇敢给大家看！一秒，二秒，三秒，成功！"

多多的带头作用，让女生组瞬间勇气爆棚，争先恐后地要求尝试。曹爸不得不维持好秩序："好，一个一个来。"

首先是贝儿，五秒钟的勇气大考验对这位勇敢的陆爸传人完全不是问题，小公主甚至还用另一只手拨弄小飞蛾。轮到最小的小可爱"姐姐"了，小丫头雄心壮志，主动要求要把飞蛾在手上放一百秒。

男生组也跃跃欲试，纷纷加入挑战。小男子汉杨阳洋和Feynman对于这样的小虫子，完全没有害怕，顺利过关。可是轮到Joe的时候，却出现了一些状况。

"啊呀，不要！"Joe非常害怕，连连甩手，把飞蛾碰掉在棉被上。为了逃避这个挑战，小家伙立刻转移话题："我们还是继续玩枕头大战吧！"

"因为你怕嘛。"老爸曹格一眼就看穿了儿子的心思，并鼓励他做尝试，迈出勇敢的第一步，"来，打开你的手，你有进步，爸爸就开心了，

好吗？"

"不要。"小心翼翼盯着飞蛾的Joe一脸紧张，眼泪汪汪，用力地摇头。Grace在旁边实在看不下去了，对哥哥："不勇敢。"

（小男孩的成长不是一帆风顺，多爸黄磊就说，Joe应该多经历一些挫折，让他学会独立和勇敢，很有"儿童教育大师"的智慧啊。）

Joe还是克服不了内心的恐惧，不愿意碰飞蛾。甚至Grace搬出好记易背的曹氏家规"不要哭，不要闹，不要吵，好榜样，要孝顺"，都不管用。曹爸只好间接地解决这个问题，把飞蛾握在手心，告诉Joe："你不用碰飞蛾，你碰爸爸的手，来。"

贝儿、Grace、杨阳洋、Feynman和多多伸出手来，大手小手握在一起，Joe也慢慢找回了勇气。

"好，我们放飞这个飞蛾，然后你们永远都是朋友，好不好？一二三！"

摄影机记录着这温馨的一刻，或许若干年后，宝贝们长大了，这一幕能带给他们甜蜜的回忆。

勇气课堂后，小木屋传来了欢快的歌声，每一个动人音符都叫做成长。

第二章

野人奇遇记

　　我希望能够给你最好的，让你幸福开心，但是宝贝啊，当你勇敢地走在成长的路上时，你知我心里有多少骄傲。

第一节
戳戳戳，小小的脚印一路向前

　　经过树屋温馨的一夜，小朋友们变得像一家人一样，贝儿的一声"我爱你"更是让家长曹爸爸无限感慨。

　　大家庭中，大女儿多多温柔善良，一起床就去照顾最小的姐姐Grace，把这个最爱睡觉的小懒虫从被子里唤醒，抱到曹爸爸的身边。

　　在吴爸爸的严厉教育下的Feynman，比较像二小子，一起床就懂得自己照顾自己，"奇卡奇卡"刷完牙，就用巧克力先给自己填饱肚子。

　　老三应该可以落在贝儿的头上，古灵精怪的小丫头经常能给大家带来惊喜，甜甜的小嘴还很懂得体贴人，早上起床为了不吵到大家，跟Feynman玩起了手语交流。

　　排在老四的应该要算经常挂着羞涩笑容的淡定哥杨阳洋了，

上有能干的哥哥姐姐，下有可爱的弟弟妹妹，让一向自立自强的小大人很有男子汉的风范，最懂得保护女生的他一大早就钻到多多的被子跟大姐姐玩成一团。

Joe是个敏感的小男孩，曹爸爸细心的爱护下，他还没有完全准备好去勇敢独立，所以他可以排老五。面对无比强大的哥哥姐姐，小乖乖Joe一向懂得合群地参加大家的游戏。

"姐姐"Grace是当仁不让的老幺，无比萌呆可爱的丫头最懂得讨喜，面对早上到来的吴镇宇爸爸的"挑逗"——"姐姐，你是我的早餐哦"，很快就嘻嘻哈哈跟这个绰号"吴三岁"的"怪叔叔"玩在一处。

在这个清新的丛林早晨，一家人在头发凌乱的曹爸爸的带领下，过着欢声笑语、打打闹闹的幸福生活，直到其他爸爸们的到来。今天又有新的任务了。

今天爸爸和孩子们要在泥泞难行的山路上长途跋涉，到达山林深处的露营地，计划晚上在山上露营。露营地所在的位置人迹罕至，平常基本上没有人来，节目组的工作人员走上去都觉得非常非常辛苦，这对宝贝们来说是个巨大的挑战。

但是，参加了昨天勇敢课程的学习后，带着早上兴奋余温的宝贝们，都不怕困难，跃跃欲试。

下了一夜雨的山林平和而宁静，呼啦啦的丛林之风又湿又冷，山路上的石头和泥巴走起来又粘又滑，爸爸和孩子们拄着木棍，深一脚浅一脚，累得呼哧呼哧喘气。

孩子们一心想往前赶，队伍渐渐地分散开来，曹格牵着Grace落在了最后面，而哥哥Joe跟着村长已经走得看不见了。多爸黄磊和多多很体贴地故意放慢速度，跟曹爸爸父女走在一起。

"不用着急追前面的人，要心里想着等最后面的人，知道为什么吗？"多爸边走边教育女儿。"因为要分享。"8岁的女儿很懂事。不得不说，黄爸的教育很成功。

"我走啊，我走啊。"Grace卯足劲，一步一滑，穿行在林间小道上。哎哟，怎么这么累啊。"爸爸，你可以抱我吗？"曹爸爸很想训练女儿坚强独立，鼓励地说："可以啊，可是不是现在，要到晚上睡觉的时候。姐姐，我看你做得很好啊。"受到爸爸的赞扬，小丫头立马又加

了一把劲。

"嗷呜，嗷呜！"突然山林中隐隐约约传来几声狼嚎，曹爸爸连忙竖起了耳朵。难道山里面还有野狼吗？近在耳边的狼嚎吓坏了爸爸和孩子们，全员警惕。

"不要再叫了！"树丛后冒出两个人，是村长和Joe。原来是村长在恶作剧，在那儿学狼叫，被Joe给揭穿了。（虚惊一场，大家伙总算松了一口气。）

不知不觉慢慢进入了丛林深处，视野中的树木渐渐粗壮茂盛，路也越来越难走，泥水多得像沼泽一样。对于三岁的Grace而言，走这样的山路，困难不是一般的大。"爸爸。"前面传来Joe的呼喊，原来看不见爸爸的Joe担心老爸和妹妹迷路了，曹格连忙回应。

两头担心的曹爸甚至急得想抄近路，从林中直接穿过去，赶上前面的队伍，幸好旁边有多爸黄磊的帮忙。黄爸爸提议他来抱着Grace，加快行进速度。

"我要自己来。"一向乖巧的"姐姐"拒绝了黄爸爸的帮助，表现了她坚强勇敢的一面。小丫头拄着木棍，在泥巴里戳一下，走一步，戳一下，又走一步。甚至手被爸爸长时间的牵拽，拉疼了，也强行忍了下来。相比于在天坑下山路哭着不肯走的小女孩，小Grace真的成长了。

戳，戳，戳，戳，小小的脚印，一步步努力向前，沿着绿檀小径，就能到达童话中的美妙王国吧。

给女儿当了一路擦手毛巾的陆毅带着贝儿率先到达目的地，其他的爸爸和孩子们也陆续达到。Grace的出色表现得到了爸爸和孩子们的一致点赞，太棒了，小宝贝。

对于这次山路跋涉，爸爸们和村长都感觉很意外，孩子们几乎是摔着跤爬上来的，但没有一个人要爸爸抱。经过几次旅行孩子们真的成长了。

第二节
干瞪眼的老爸

　　到达营地之后，补充完营养的爸爸和孩子们要开始挑选帐篷，今天的丛林大体验，五个家庭要在各家的帐篷中生活。节目组为大家准备了五个帐篷，"五星级"的豪华1号帐篷已经搭好，引得大家心里痒痒的。

　　蓄势待发的爸爸们接下来要通过干瞪眼的比赛一决胜负，谁不眨眼的时间越长，谁就可以优先挑选帐篷。

　　充满乐趣的比赛激烈又迅速，闪电般就决出了胜负。

　　"爸爸低头，我给你挡着。"机灵的贴心小棉袄贝儿要帮爸爸挡着眼睛，这样爸爸就可以放心眨眼，可是没想到女儿的小拉拽反而惹得大眼帅哥陆爸爸表情失控，最先败下阵来，成为了第五名。而一下子变身猫头鹰的多爸黄磊，把眼睛瞪得圆溜溜的，静止不动，还真是有几分神韵。可是没过一会儿，他的伪装就宣告被攻破，忽闪忽闪的大眼睛一顿狂眨，落得了第四名。

　　紧接着，秀得正欢的曹爸爸眼皮突然抽搐，在他毫无察觉的状况下，眼睛率先罢工地飞眨了一下，只好不甘心地拿了第三名。下面就剩下了两位巅峰级选手杨威和吴镇宇的决赛了。

　　两位老爸势均力敌地坚持了好一会儿，真不愧是世界冠军和大牌影帝，都是实力派的老大。杨阳洋笑眯眯地看着老爸，拍着小手掌给爸爸打气，爸爸厉害，挺住。

　　"杨威，你不要仗着先天条件，以为你眨了眼睛没人看见你，眯成

一条线了。"另一边的对手吴镇宇玩起了心理战略，开始打趣杨爸的单眼皮小眼睛。而他的坚定同盟Feynman居然像熊孩子出没般，从杨威背后静悄悄地突然出现，用手摸到了杨威脸上。受到干扰，颤抖着挣扎了好一段时间的杨威终于撑不住，泪汪汪地赶紧闭上眼睛。

决赛结束，冠军吴镇宇，亚军杨威。

爸爸们根据名次，分别领取不同档次的帐篷。"金刚眼"吴镇宇顺利入住已搭好的豪华大帐篷，第二名"小眯眼"杨威拿到了一室一厅的宽敞帐篷，第三名"抽搐眼"曹格和第四名"猫头鹰眼"黄磊拿到了中型适用的黄色帐篷，第五名"大帅眼"陆毅获得方便但简陋的自动帐篷。

看到陆毅的小帐篷，杨爸一下就想起曾经在新叶村住过的仅有一个床位的"水云间"，往事不堪回首啊。不过小也有小的好处，拿到帐篷后，陆毅潇洒一抛，帐篷神奇地瞬间搭好了。紧接着，经验丰富的黄爸哼着小曲"小小少年，很少烦恼"，父女合作，很快熟练无比地搞定了帐篷搭建工作。

　　另一边的曹格也在为建设新家忙忙碌碌。觉得帐篷好酷的的Grace迫切想住进新家，一个劲问老爸："好了吗？爸爸。"

　　"你要帮爸爸，就叫爸爸加油。不要问问题了，因为爸爸现在脑袋里，有很多东西在想。"一直为两个宝宝操心的曹格有点身心疲惫，山路跋涉的辛苦好像还没有缓过劲来。懵懵懂懂的小甜心很善解人意，连忙给了爸爸一个萌呆笑脸："爸爸加油。"

"Joe，你是要来帮手的，你在干嘛？"曹爸决定找一个帮手。

"妹妹也没有在帮忙。"站得远远的Joe闷闷不乐，似乎有心事。原来Joe想吃彩蛋糖，可是他对糖果过敏，节目组工作人员不敢给他吃，因此闹起了别扭。

而这时，由于劳累，弯腰起身的曹爸突然腰痛陈疾发作。忍着疼痛的曹爸把Grace抱进刚刚搭成一半的帐篷里，想先搞定女儿，再来好好应对儿子的小情绪。

"我只想吃一个。"委屈的Joe哽咽着哭了起来。

"好的，我跟你说过什么？"

"不要哭，要孝顺，要当好榜样。"

"好，你现在在做什么？"

"哭。"

虽然觉得委屈，Joe还一直记得爸爸平时的教育。

"你现在不是一个好榜样，你吃糖果会过敏，然后你还一直要吃。"

"可是妈妈都没让我吃过糖。"小可怜的Joe心里有着深深的委屈。

"妈妈不让你吃，是因为你吃完，你的眼睛会肿起来，去医院打针。你去打针的时候爸爸看到会哭，会难过。"曹爸爸一直坚持用爱来教育孩子，让孩子因为爱去做一些事情。虽然腰疼痛难忍，他仍然坚持做一个温柔耐心的好爸爸。感受到爸爸温暖的爱，Joe也慢慢恢复了平静。而他们温馨的小家也在快乐的黄小厨的帮助下搭建好了。

各家的帐篷陆续完成，就剩下杨威父子面对复杂的帐篷，还毫无头绪。幸好吴镇宇和陆毅过来帮忙，在几位老爸的共同努力下，杨威家的帐篷也基本完工。可是为什么一边的杨阳洋小朋友和Feynman小朋友不停地用充气筒往嘴里充气？真是两个调皮捣蛋！

第三节
草里有个"猪屁股"

简单而美味的午餐后，爸爸和孩子们在新搭的帐篷里睡了个短暂的午觉。经过上午辛苦的跋涉之后，这个午休显得分外香甜。可是，黄磊和曹格为什么在午睡的时候偷偷离开帐篷神秘外出，难道是有什么秘密任务？

下午，宝贝们将要在老爸的带领下去找野菜，当作今天的晚餐食材。爸爸和孩子们纷纷来到集合地点，唯独黄爸和曹爸不见踪影。

"难道曹格和黄磊已经去找食材了吗？""金刚眼"吴镇宇的观察力果然不是盖的，一下就发现了两位老爸的缺席。

"不是，曹格叔叔和爸爸他们去找做饭的地方去了，还有锅什么的。"莫名其妙丢了老爸的多多做了大胆的猜想。可是，两位老爸真的是去找锅碗瓢盆了吗？

接下来，山上的老乡给大家介绍了几种山里常见的野菜。有着细长叶子的是洋荷，褐黑色软软的是木耳，叶子上闻起来有黄瓜气味的是非常新奇的黄瓜草，而有着大大的像猪耳朵一样形状叶子的叫做猪屁股，这名字太有趣了，哈哈哈，Feynman忍不住大笑。好奇的孩子们拿着各种野菜看看，闻闻，摸摸，头一次见识了原始森林的神奇食物。

"下面要考一考大家，这个是什么？"村长拿出一根绿色的小木条，在小宝贝们眼前晃了晃。

机灵的贝儿立马率先作答："竹笋。"对！

"什么动物最喜欢吃？"

"熊猫。"贝儿又第一个说出了答案。全对!"哈哈,我最棒,我先回答出来。"开心的小公主立马给自己点起了赞。

下面三位爸爸和六个宝宝就要分三组出发找野菜了。身为"矿工家庭"的陆爸爸、贝儿、多多很快组成了统一战线,而有了积极举手的Joe的加入,杨家父子这一组也配搭完成。剩下的吴家父子和超级萌呆Grace就只能一组了,然而可爱的"姐姐"没有得到Feynman的欢迎,酷小子不想跟女孩子一组。但是,已经没有选择了,小Feynman,要多体贴女生啊。

果然,刚刚出发,吴爸爸的小女神就趴在影帝的肩头进入了梦乡,吴爸只好把小女神送回帐篷休息,再重新出发。演过不少大侠的影帝果然霸气十足,一路凌乱刀法开路寻菜。

"咦,宇哥,你这砍的是啥,这不是竹笋,是竹子哦。"得到工作人员的提醒,噗嗤,累了一气的"大侠"连忙让拿了一手竹子的Feynman将所有战果全部扔掉。茫茫大丛林,竹笋在哪里?一路苦苦搜寻,终于找到一棵黄瓜草,嗅,嗅,"有黄瓜的味道。"父子俩相继成功鉴定完毕。

吴爸决定专找黄瓜草，果然又成功斩获了几棵，可是这远远不够啊。

"要不，咱们把'姐姐'煮了吧。反正她已经睡着了，容易下手，没事。"耍完镰刀的大侠"吴三岁"最后亮出绝招。

另一边，大帅哥陆毅带着两位小美女进展顺利，很快就在倒在地上的枯木上发现了木耳。返回的路上，又找到了大把的洋荷，收获丰厚。

杨威小组出发没多久，就发现了一株疑似野菜的杂草，三个城市男热烈讨论。"你看啊，这里有白的毛。"幸好有小"农科专家"杨阳洋发现破绽，才戳穿了伪劣野菜的真面目。还好，三个男子汉的运气不错，不久就发现了大量的竹笋，有了第一批收获。

"我负责拿竹笋，Joe负责拿那个有白毛的，然后爸爸负责拿木耳。"考虑到下面还有收获，条理清晰的杨阳洋未雨绸缪，认真地分配了采集任务，接下来的时间，这一组都没有发现野菜，大家只好打道回府。

不久，找菜的各个小组陆续返回。刚回到营地，对妹妹牵肠挂肚的Joe就向Feynman问起了妹妹的情况，得知Grace在睡觉才放心，很有当哥哥的责任感。

看着丰厚的收获，爸爸和孩子们都很有成就感，开始期待一顿丰盛的晚餐了。

第四节
神秘的森林之王

孩子们的眼里，新奇而神秘的事物总是那么具有吸引力。在得知丛林里有宝藏的消息之后，宝贝们立刻变得热切起来。六个宝贝将分成三组在没有爸爸的陪伴下自己去把藏在山中的三箱宝藏找回来。

村长为小伙伴们分了组，多多和Joe一组，Feynman和贝儿一组，杨阳洋和Grace一组。咦，"姐姐"在哪儿呢？原来小丫头还在帐篷里睡觉呢。五个小伙伴雄赳赳，气昂昂，立刻组成了阵容强大的醒神小队，去叫睡觉的小迷糊起床。

"贝儿，里面有好吃的哦。""怪叔叔"吴镇宇指着帐篷对贝儿说。贝儿连忙探头进去一看，明明是"姐姐"在睡觉嘛。"对，晚上就把她煮了，好不好？很好吃的。""我不要煮姐姐。"小可爱贝儿回答得一本正经。

叫醒了迷糊的小可爱后，对宝藏充满向往的小伙伴们出发了。

第一组的多多和Joe率先踏上了寻宝之旅。出发不久的多多隐约地听到一声小动物的叫声，沿着声音的方向，两人很快发现了一只小狗和一箱宝藏。令多多有点小失望的是，宝箱里只有两个西瓜。没办法，只好带着小狗和西瓜返回了营地。

第二组的Feynman和贝儿刚一出发就进入了"唐僧念经"和"悟空听经"的模式。"Feynman小心，你不要走这么窄的路了。""哎呦，不能跳的，Feynman，一跳你的雨鞋太大了就会掉。""手不用扶的，Feynman，你好像比我小，因为你手用扶。"晃晃悠悠的Feynman完全零乱了，根本抢不到话语权。不过两人很快找到了有着小狗和零食的宝藏。

两个小伙伴开心地哼着歌，踏上了返程的路。突然，路边一棵参天大树后面一动，吊着树藤飞出一个人来。这个人长得太可怕了，蓬乱的长发，头上插着鸟羽，脸上画着花纹，身上围着兽皮衣，露出黑黝黝的半个肩膀，手上拿着一把弓箭，不停地左右瞄准。这难道是野人吗？

两个小伙伴完全惊呆了。吓得傻眼的Feynman简直不敢相信自己的眼睛，不停地问摄影师："那个人是什么？"

"啊！不要过来。"走在前面吓坏了的贝儿大叫一声，撒腿就跑。没想到野人向着她追了过来，吓得贝儿大哭，连忙把手上的零食全都给了野人。野人打不开彩蛋，上前比划着让贝儿帮忙。贝儿又着急，又害怕，啜泣着用发抖的手去剥彩蛋。这时野人把注意力转移到Feynman身上，向Feynman走了过去。

"呜呜，我好怕，我要快点走。"受到极大心灵冲击的贝儿从来没有见过这样的野人叔叔，抓住机会跑掉了。

大脑一片空白的Feynman毫不犹豫把手上的小狗给了野人，小男孩完全没有遇到过这么恐怖的事情，再也坚强不下去了，立刻向摄像叔叔求助。"哎呦，快点，我要回去，我要爸爸。"声音都变了，差一点就哭出声来。

野人没有在Feynman身上找到食物，转身又去追赶逃跑的贝儿。贝儿见野人追了上来，连忙主动递上零食。看着野人拿着零食撕扯、摔砸，

怎么也打不开，善良的小丫头赶紧帮忙。

"这个很好吃。"野人还会说普通话，把零食塞到嘴里咬着给贝儿看。呵呵，这个怪叔叔怪模怪样的，还蛮有趣的。小贝儿感觉没那么害怕了，看着饿了好久的野人，好同情啊，决定带他去找食物。浪漫的野人叔叔还摘下一朵小黄花，送给贝儿当礼物，看来这个长相奇怪的怪人也没那么可怕嘛。

此时，小幺组合杨阳洋和"包子姐姐"Grace还在山路中挣扎前进。两个小萌娃一路跌跌撞撞，摔倒了好几次，作为男子汉的杨阳洋还一直为团队打气。"没事，没事，要勇敢。""姐姐不要哭，要继续，昨晚我们不是刚学了要勇敢吗？"像个小大人似的。

突然，两人看到树林的不远处站着一个很奇怪的人，蓬乱的头上戴着一顶插满鸟羽的帽子，脸上画着花纹，穿着兽皮衣，左手拿着一根木叉，右手抱着一只小猴子。这是什么人啊，是森林王国的人吗？天真可爱的杨阳洋一向拥有浪漫的想象力。满心好奇的杨阳洋打算上前去看看，可是年纪幼小的Grace却害怕得哭了。

"没事，没事。"杨阳洋安抚着吓坏了的小丫头。

"阳洋，你不会害怕吗？"Grace紧紧握住杨阳洋的手，这个仅仅年长两岁的勇敢小哥哥是她的依靠。小男子汉很豪气，给妹妹壮胆："别怕，有我在。"可是害怕的小丫头还是忍不住向工作人员求助："呜呜，摄像叔叔抱我，那个人好奇怪呀。"

"猴子。"耐不住好奇心的杨阳洋还是决定上前探个究竟。他走到野人跟前，指着小猴子，主动跟野人搭讪。野人比划着让他摸摸小猴子，小勇士立刻领悟，伸手抚摸起来。野人也用他的大手摸了摸杨阳洋的头，两人一下子熟络起来。

"国王，你知道宝藏在哪儿吗？"虽然遇见了离奇的事情，杨阳洋依然牢牢记得自己的任务。

"你怎么知道我是国王的？"野人说。

"看着像。"小杨阳洋的理由很简单，眨着眼睛，显得有些没底气。

"对，我是森林之王。你是谁？"野人说。

"我叫杨文昌。"杨阳洋说出了大名。

森林之王东摸西摸了半天，不知从哪掏出一罐可乐，可是却不知道怎么打开，问杨阳洋："这是什么？""它叫饮料。"杨阳洋教森

林之王打开了瓶盖。森林之王请杨阳洋喝饮料，可是自律能力一百分的
乖宝宝坚决地拒绝诱惑："爸爸说，小孩子一般都不能喝饮料的。"

"你这么听爸爸的话？爸爸不在，偷偷喝一口。"森林之王"坏
坏"地诱导杨阳洋。可是，杨阳洋立场十分坚定，坚决不喝。最后，在
"森林之王让你喝"的盛情邀请下，才勉强抿了一小口。"你说得对，
饮料不能喝。就喝这一次，以后不喝好不好？"看着杨阳洋喝下饮料，
森林之王十分开心，两人用"剪刀手"做了永恒的约定。

"杨阳洋，你属什么？"

"我属牛。"

"什么牛？黄牛？"

"公牛。"

"什么是公牛？"

"公牛就是发功的牛。"

"怎么发功？你发个功我看看。"在森林之王的要求下，杨阳洋连做了五次公牛喷气的动作。森林之王十分满意，又问杨阳洋："你要找什么宝藏，金银珠宝，还是一个漂亮的小姐姐？"

"这两个都行。"

"金银珠宝和漂亮的小姐姐，只能选一个。"

"漂亮姐姐。"小男子汉十分坦诚。

"你有没有喜欢的漂亮姐姐？她叫什么？"这森林之王怎么喜欢打听别人的隐私呢。

"多多和包子。"

此时"包子姐姐"在摄像叔叔的帮助下，成功找到了宝藏。可是，还处在害怕状态的她时刻想着找爸爸。

"狗狗，你可以带我去找爸爸吗？"看着宝箱旁的小狗，可怜的小丫头也不忘了求助。爸爸去了哪儿呢？打开宝箱盖，"里面都是玩具，我要去找爸爸。"呜呜，爸爸不在箱子里。

见到野人的Feynman一个人先回到营地，并立刻向爸爸汇报了可怕的经历。正巧，贝儿也带着野人回营地找吃的。在爸爸怀里冷静下来的Feynman怀疑那个野人是曹格叔叔扮的，原来是野人背后的纹身引起了他的注意。紧接着，热心的多多为野人提供牛奶的时候，也发现了破绽，原来这个野人真是曹格叔叔装扮的。

Joe都不敢相信这个事实，怔怔地看着野人"爸爸"发愣，不敢靠近那个奇怪的人，直到曹格掀开了脸上的装饰，才确信是自己的爸爸，立

马扑倒在爸爸的怀里。

"Joe，你知道吗，你爸爸很伟大。我们都没有扮野人，这么冷，他们为什么会这样呢？是希望让你们知道，碰到陌生的人和事不要害怕，不要畏惧，要敢于面对外界的事物，要清楚他们需要什么。人家的外表长得不好看，不代表他里面也是可怕的。爸爸训练你，因为你什么都怕，什么都哭，你永远黏在他身边，你就没有办法独立，是不是？所以你应该理解你爸爸，为什么那么辛苦，你爸爸很冷，等会你安慰他，跟爸爸说谢谢，给你爸爸一万个赞，好不好？"吴镇宇爸爸语重心长，为这场丛林探险做了一个意味深长的总结。

不久，在多多的寻找下，黄磊爸爸也回到了营地，原来森林之王是黄磊爸爸装扮的。森林之王为小宝贝们带回了美味的腊肉和好玩的玩具，可是天真的杨阳洋还是坚定地为大家介绍："这是森林之王，后面的人是森林之哥。"真是一个天真无邪、充满想象的小可爱。

第五节
暴风雨后是黎明

找完宝藏的爸爸和孩子们，原本计划做晚饭，然后过一个新奇的山林露营的夜晚。可是，天公不作美，原始丛林的天空骤降暴雨，节目组只好临时决定撤离，回到大通铺的营地。

爸爸们迅速打包食材、收拾行李，为宝贝们做好防雨措施，一阵忙乱，跌跌撞撞地下了山。在艰苦的环境下，黄磊还不忘调侃吴爸："你不是吴镇'雨'吗？怎么还有雨呢？""我姓'无'嘛，镇不住啊。"吴爸爸也很无力。

安顿好孩子们后，爸爸们继续做晚餐。刚刚经历风雨颠簸的宝贝们已经恢复了欢声笑语，宝贝们欢快地奔跑着。"吴三岁"和他的"女神"Grace进行着抓痒痒的火热互动，两个"同龄伙伴"玩得不亦乐乎。

多多说："我真的好喜欢Joe。"在Joe脸上一阵猛亲，立刻招来了Joe爸曹格的围观，"哟哟，Joe害羞了，多多也害羞了。"

虽然只是短暂的时光，弥漫的快乐却像春风一样荡漾着每个人的心。就像黄磊说的，"生活跟真人秀是一样的，不知道什么东西突如其来。一场风雨会改变你今天的安排，让每个人带着自己的孩子，连滚带爬地下山，然后手忙脚乱地做饭，但是上天同时就给了你这样的眷顾。孩子们在屋子里依然开心快乐，把刚刚的痛苦，一下子去除得烟消云散，这就是生活。"

疲惫的晚上睡得格外香甜，而对于爸爸和孩子们来说，一大清早就

有神秘的幸运从天而降。

当爸爸和宝贝们起床后来到节目组指定的房间时，他们都惊呆了。原来宝贝们的妈妈已经准备了美味的饭菜等待着他们的到来。宝贝们吃着饭菜，叽叽喳喳跟妈妈说着自己的快乐和委屈，这一刻时间仿佛也停了下来。

特别是1号房内，看到妻子吴速玲，备感辛苦和温暖的曹格禁不住热泪盈眶。这次旅行中带着两个宝宝的辛劳，以及二十多天没有回家的思念，让这个大男子汉再也撑不住了。可爱的Grace撅着嘴求妈妈亲亲，温馨的一家终于团聚了。

妈妈是温暖的风，让家充满幸福的味道。

午餐过后，回家的时刻又到了。带着满满的回忆，美丽的丛林再见。

第三章

草原篝火记

孩子啊，经历会淡忘，但是那些一个又一个美好的画面，永远停留在我们彼此脑海里，化成最珍贵的记忆。

第一节
在草原天堂，变身小商贩

　　《爸爸去哪儿》的第五次旅行，来到了素有牧草王国之称的呼伦贝尔大草原。它是世界四大草原之一，被称为世界上最好的草原。这里有纯净的蓝天白云，一望无际的草原，和成群结队的牛羊，更有骁勇的马背上的民族文化。而爸爸和孩子的目的地就是知名度很高的伊利牧场。这里是陈巴尔虎旗的夏营地，土地肥沃，水草丰美，再加上夏日阳光和雨水的滋养，就成了最理想的放牧和避暑的胜地。

　　这次来到广阔无边的呼伦贝尔大草原，爸爸和孩子们同样非常喜欢。相比于天坑的辛苦和丛林的艰难，这里简直就是他们想象中的天堂。

　　草原上有什么呢？贝儿说："有牛的大便。"Grace和Joe想象："有马，还有白兔。"多爸黄磊猜测最喜欢这里的应该是杨阳洋，为什么呢？"全是草啊，羊羊当然喜欢了。"多多给出了答案。

　　杨威眼中的大草原，风景就跟电脑桌面墙纸一样，纯洁、纯净、纯白、纯绿。而广阔的天空，黄黄的油菜花田，绿绿的草地，配搭得无限和谐，美倒了影帝。在遥远的天边，云天接地，万马奔腾，也迷醉了"牧民夫妻"（陆毅、黄磊最新头衔）。

　　爸爸和孩子们的草原之旅即将开始，但在进入草原之前，他们要完成一项任务，到位于海拉尔市区的集市里帮别人卖东西。他们必须帮助不同的店主，用劳动换取食材。能不能吃上丰盛的午餐，就得看老爸和孩子们的推销能力了。

　　陆毅和贝儿驻扎在菜市场里的猪肉摊，戴着口罩，系着围裙，化身"猪肉男"的陆毅还真像那么回事。可是，面对对面摊位雄壮威武上下翻飞的大砍刀，陆爸爸的"猪肉刀"怎么哆哆嗦嗦的呢？

　　等了半天没人光顾，陆爸只好开始羞涩地叫卖。效果不错，很快就来了一位顾客，不过却是来"观光"贝儿的，纯参观，不买肉。"大哥，买点肉吗？""大爷，炖汤喝，身体好。"陆爸使用了各种绝招，可是为什么还是"门前依稀无人问"呢？

　　"谁来买肉，谁来买肉呀！"见无人搭理，机灵的小贝儿有些着急了，决定亲自出马，拿起一块肉，甩，甩，甩，展示给别人看。果然有效果，很快就来了顾客，首单生意顺利成交。开心的贝儿更加动力十足地叫卖，高达80分贝的清稚童音吸引了顾客和粉丝接踵而来，生意红火起来。

　　听到粉丝说喜欢爸爸后，酸溜溜的贝儿赶紧求证："那不喜欢我啦？"粉丝说："喜欢你，天天都在看你呢。""不行，我紧张了。"听到粉丝的表白，小贝儿都不好意思，躲在爸爸身后藏了起来。好个乖巧伶俐的丫头。

杨威父子则化身蔬菜商贩，入驻了蔬菜摊。经过一番狂背菜名后，父子俩开始招揽生意了。可是这蔬菜摊的生意怎么这么清淡呢！

"这香菜多少钱？"好不容易来了一位顾客，杨威马上打起精神。"两块钱一捆。"顾客转身想走，这可急坏了世界冠军，赶紧来个"自由落体式"降价，"一块八吧，一块五！一块二？一块一捆？"想当年奥运会决赛都没这么紧张啊。不过，威哥，你再坚持一会儿，就要白送了，老板就亏大发了。幸好顾客最后还是"无情"地走了。

又是等待，怎么办呢？杨阳洋在冷清的菜摊转着圈。

"你不是那个体操运动员吗？咋又改卖菜了呢？"总算又来了一位顾客，一下就认出了杨冠军。

唉，这大冠军咋混成这样了呢。杨威赶紧打了个哈哈："混口饭吃，大姐，买点吧。"靠着世界冠军在菜丛中闪闪发光的辨识度，陆续来了很多的顾客，小菜摊的生意终于红火起来。

曹格一家来到了面朝马路的水果摊。曹爸穿着一身白大褂，戴着黑框眼镜，这副装扮怎么一点不像小商贩，倒像是大医生呢。刚准备开工，Grace却要急着上厕所，情况紧急，刻不容缓。还好在工作人员的帮助下，危险成功排除。

"买水果了，很甜很香的水果，便宜又好吃。"气沉丹田，大嗓门

救援成功
买水果了

又甜又香又便宜

的曹爸开始叫卖起来，别说，还真有点范儿，不愧是大歌星。在曹大歌手大嗓门的卖力感召下，果然来了很多顾客，小摊生意渐渐红火。可是，业务不熟的曹爸总是顾了东边忘西边，一会儿忘了价格，一会儿又把五毛当五块，找错了钱。还好，店主阿姨在旁边不断地帮忙改错，小帮手Joe也在一边送钱、拿水果，忙里忙外，总算撑住了场面。

"买水果，超过一百块，唱歌给你听！"擅长生意经的曹爸甚至提出了"附赠听歌"的营销策略，生意手腕高明，一会儿就来了个樱桃购买大户，曹大歌手只好卖水果兼卖唱了。

这买卖想不红火都难啊。

大姐 阿姨送给我们的午餐

与此同时，一家面点铺门口，里三层，外三层，挤满了探头观望的人们。是哪位老爸辐射出这么大的魅力呢？原来是全能爸爸"黄小厨"。

黄磊父女来到面点铺之后，就忙得不可开交。好像有了两位明星父女坐镇，所有人都变得"身体倍儿棒，吃嘛嘛香"了。顾客们买面食的量都特别大，大饼一买就是一堆，馒头更是二十、五十的叫买，搞得干劲十足的黄小厨也是一头大汗。多多也在旁边装袋，数钱，找钱，忙得不亦乐乎。

客人络绎不绝，根本停不下来，照这样看来，今天的午餐完全不用愁啦！

与面店铺形成鲜明对比的是熟食店，零客流量的店里显得无比凄凉，闲得发慌的吴镇宇和Feynman父子忍不住自己吃起来。这是预计到没有午饭吃，打算先把肚子填饱吗？

终于有一个人走进了店里，吴爸瞬间聚焦，赶紧甜甜地问："买什么呢？"没想到是空欢喜一场，来人原来是老板的朋友，来邀吃饭的。"那我能吃吗？你不请我呢？"感觉午饭堪忧的吴爸想趁机蹭饭，却得知饭局不是在今天。哎呦，失望，沮丧，这蹭饭吃也没机会呀！

"生死枯等，枯等一圈又一圈的年轮。"顾客，你在哪儿呢？吴爸决定转移战场，把美味的熟食搬到店门外来卖。可是，看着人来人往的马路，还是没有一个顾客上门，父子俩很无语，能做的只有发呆了。

终于有顾客认出了吴大影帝闪闪发光的身份，开始过来购买熟食，搞得半天搓不开包装袋的吴镇宇激动不已。这回终于开张了。万事开头难，好局面一开就停不下来，不长的时间就进账四五百，这下午饭真有着落了。

爸爸和孩子们都完成了任务，作为报答，大家也得到了店主们赠送的丰富食材。在热情的海拉尔粉丝的簇拥下，爸爸和孩子们跟店主们告别，徐徐离开市场，向美丽的大草原驰去。

第二节
最重要是跟爸爸在一起

爸爸和孩子们的到来，赢得了热情好客的蒙古族同胞们的盛装欢迎。在悠扬的民族歌声中，爸爸和孩子们收到了最尊贵的礼物——哈达。爸爸们还学会了蒙古族喝酒的仪式，先敬天，再敬地，然后摸额头，才能开始喝酒。

宝贝们想念已久的村长穿着蒙古袍，骑着高头大马，也来欢迎爸爸

和孩子们。搞怪的陆毅给他的宝马取了个名字叫"小村村"，赢得了孩子们的一致赞同，无奈的村长只好认了。"你好，小村村。"左摸摸右摸摸，孩子们很快就被马儿迷住了，纷纷跟它交上了朋友。

接下来，爸爸和孩子们要跟着"小村村"一起参观他们即将入住的房子。

1号房是应有尽有、恢弘大气的"王爷"包，空间很大，中间有成吉思汗的画像，木地板上还铺着圆形花纹的地毯。爸爸和孩子们一看，都眼前一亮，哇，好漂亮。

"不要跟我抢。这里是我家，欢迎光临我家。"率先抵达的杨威已经臆想是这里的主人，开始宣誓自己的主权了。另一名正在臆想中的吴镇宇也不遑多让："你们快出来啊，别弄脏我的房子！"

没等看其他房，孩子们左摸摸，右看看，也纷纷开始幻想1号房的完美生活。"我可以在这个大地毯上面玩。"杨阳洋的玩耍计划已经初步出笼了。

"你们就让我嘛，我今天那个……"完全被1号房迷住的曹格决定使用绝招。

"你今天哪个？"杨威幻想中的主人还没当过瘾呢，寸土不让。

"好，我们一定给你一个最难忘的生日。"吴镇宇反应过来，原来今天是曹格的生日。

参观完1号房，朝着草天相接的漂亮风景前进，大家热热闹闹，在玩笑中来到2号蒙古包。

"这一看就是厨房嘛，生火的。"看着2号房的外观，杨威就做出了评价，明显跟他想住的1号房相差太远。2号房整洁朴素，是个没有铺地毯、露着草皮的原汁原味的小屋。爸爸和孩子们都兴趣缺缺。

3号房是个明亮温馨的蒙古包，挂着各种琳琅满目民族器具，还有马鞍子、兽皮，显得很有民族风味。另外颇具小资情调的小床、各种精湛的小工艺品，让黄磊和陆毅两个有着漂亮女儿的爸爸一致点赞，都想选择这个房间。4号房跟2号房很像，都是纯天然草皮地毯，只是比2号房更小。曹格莫名地看对眼，觉得很酷，却遭到了Joe和Grace一致反对。

5号房是一辆房车，远远看到蓝色的大车厢，爸爸们就被它拉风的外表征服，幻想着有电视、有Wifi。等进去一看，一室一厅虽小，里面现代化设施配套齐全，没有想象中的电视，却有冰箱和暖气。相互比较下，5号房车成为大家的首选目标。

接下来，爸爸们就要通过射箭比赛来选房子了。每位有五发箭，谁射在草垛上的箭多，谁就可以优先选房。如果两人中靶次数相同，就看谁离靶心的距离更近。

比赛分五个回合进行，爸爸们各持弓箭学习蒙古的射手开始依次射击，小宝贝们也在一旁为爸爸们加油。由于风大，曹格的箭好几次都从弓上滑落，方向乱偏。"快让开，他射箭，他左边的人都很危险。"多爸黄磊连忙提醒。大家集体后退。

比赛结果，"神射手"陆毅五发五中，成为冠军。"我最箭

（贱）"陆毅大叫一声，引得爸爸们一阵哄笑。杨威更是给他一个"天下第一箭（贱）"的称号。陆毅顺利地选到了他中意的5号房车。

杨威以五发四中的成绩，位居亚军。而曹格和黄磊都是五发三中，但是曹格的箭离红心更近，就拿到了第三名，黄磊屈居第四。而吴镇宇勇敢尝试使用蒙古的传统箭，成绩不佳，五发二中，成了倒数第一。

"姐姐，麻烦了哦。你爸爸得了第三名，住得很差，今天晚上你要住得很惨啊。"吴三岁又开始逗Grace。小丫头看着吴爸爸发懵。吴三岁继续支招，"哭，快点哭。"小丫头完全忽略，转过一头飘逸的长发，这位大伯几岁啦？

该第二名的杨爸选房子了。体贴的杨爸询问杨阳洋的意见，杨阳洋早就看中了1号房。"今天是曹格的生日，他早就看上了1号房，杨阳洋的意见也要考虑。"一边是兄弟，一边是儿子，纠结的杨威难以选择，决定看天意。"公平决斗好不好？石头剪刀布，一把定输赢。"

曹格欣然同意。结果曹格出了剪刀，杨威出的布。

"那就3号房吧。"输了的杨威急忙安慰儿子，"杨阳洋，3号房有好多玩具，还有那个小鸟的标本。"豁达的小男子汉瞬间想通，真是太棒了。

"谢谢，阳洋，太棒了。"感动的曹格连忙道谢。

当村长问到第三名选几号房的时候，Grace立马给出答案："1号。"村长继续问："为什么要选1号呢？""因为你头上有个'1'呀！"原来村长帽子上的帽尖正像一个高高竖起的"1"字。小孩子的眼里满是纯真和美好啊。

剩下第四名的多爸黄磊主动地选择了更小一些的4号房，而2号房则归吴镇宇和Feynman了。

射箭选房结束，爸爸带着孩子们回到了自己的房间。陆毅父女住进了牧民常用的拖拉机房车。根据贝儿的主意，陆爸爸把房车开到了4号房旁边扎营，因为贝儿最喜欢多多，而陆爸却想着，跟着黄小厨有肉吃啊。

村长把乖乖又带了过来，让多多不胜欢喜。看着原生态的住所，满地的草让她很不适应。多爸为了让女儿住得舒服点的，决定把屋子布置得更加舒适温馨一些。他请来陆毅帮忙，组成新的"牧民夫妻"组合，不过这次陆毅要求当"老公"，黄磊当"老婆"。"夫妻"二人在房间里仔仔细细地铺满松软的干草，再盖上塑料毡子，又在屋外满满铺了一层。一下子整个屋子显得温暖舒适多了。

此刻，2号房里的吴镇宇也把塑料毡子用得正欢。超大的一卷，豪气地将整个屋子全铺满。而1号王爷包里歌舞升平，Joe和Grace正手舞足蹈，旋转跳跃不停歇。而依靠在卧榻上的"王爷"曹格，正舒适惬意地欣赏歌舞呢。

另一边的3号房里，杨阳洋非常投入地陷入了自己的音乐世界，"老爸，老爸，我们去哪里啊？""辣妹子辣，辣妹子椒，辣妹子从小不怕辣。"各种跑调让杨爸听得都快要受不了了。

虽然各家的环境不一样，但是都显得很充实幸福。宝贝，住在哪里不重要，最重要的是和爸爸在一起！

第三节
点一千个赞的篝火晚会

在晚饭之前，爸爸和孩子们都换上了当地的民族服饰，按时出发前往集合地。暮色中的大草原开始闭上了她的眼睛，薄雾稀疏，更显得几分宁静和悠远。

贝儿说："爸爸，现在不冷了。"

陆爸说："对，晚上好像没风了，对不对？"

贝儿说："为什么晚上没风呢？晚上风也睡觉了。"孩子天真的话里饱含美好和安详。

见到小伙伴，贝儿和Joe来了个热情的拥抱。没多久，杨威爸爸也牵着杨阳洋走了过来。

"阳洋！"贝儿热情地喊着名字，跑过去抱在一起。两个小伙伴还来了一个亲嘴。

杨爸爸假装诧异道："这干嘛呀？"

"啊哈哈。"俏皮的贝儿嘻嘻地笑，无比童真地说："结婚啦！"杨阳洋也带着久别重逢般的喜悦心情，开着玩笑："哈哈哈，结婚啦。"孩子们的世界就是如此单纯。

来到了集合地，爸爸和孩子们兴致高涨。蒙古族的牧民们为大家准备了最鲜美的烤全羊和美酒。

爸爸们亲自动手，用小刀将羊肉一片片切下来吃，感觉棒极了，孩子们也吃得不亦乐乎。陆爸第一次吃烤全羊，非常期待这次的新奇体验。杨爸今天也是分外地放开胸怀，先用胡编瞎侃的蒙语翻译糊弄大家，后又跟儿子开起了玩笑，指着正在烤的羊肉说："杨阳洋（羊羊羊），你就在上面啊。"

"啊，我不要吃羊。"小丫头Grace突然超级认真地说，"羊，不能烤。不能吃羊，只能吃鸡，还有菜，还有番茄。"

"为什么？"曹爸爸问。

"因为，我喜欢羊。"小丫头说得无比虔诚，让人都忍不住想，还是不要吃羊了。可是不一会儿，Grace就拿着一块羊肉在使劲吃，津津有味。"你的鸡肉好吃吗？"曹爸忍不住询问。"嗯！"Grace边吃边点头。原来羊肉变"鸡肉"，这是小吃货的自我催眠法。

吃着烤全羊的美味，也不由勾起了爸爸和孩子们亲自动手烧烤的欲望。

"羊肉串，羊肉串啦啊！三毛钱一串的啊！专业吧！"杨威边烤边学起了烤羊肉串的新疆老大爷，像模像样。惹得邻摊的吴镇宇羡慕不已，想学却学不来，急得唱起了"跑马溜溜的山上，一朵溜溜的云哟"，涨得脸色通红，还招来了牧民家的狗。

三个小女生立刻紧张起来。"我看见野狗了。"贝儿大喊了一声，"我属老鼠，所以我怕野狗。"这是啥怪逻辑啊。Joe连忙告诉女生不害怕的方法："你不要理它，也不要想它，就OK啦。"小Joe也很有小男子汉的样子哦。有道理啊，弟弟真聪明，大姐姐多多在Joe脸上亲了一口。

夜色渐深，吃完羊肉串的孩子们在草原上奔跑嬉戏。"阳洋，你爱我吗？"两小无猜的好朋友情感越来越浓。黄磊和陆毅这对"牧民夫妻"也在展示着他们甜蜜的POSE。而吴镇宇则跟5岁的小男孩杨阳洋

聊起了人生理想，杨阳洋想像爸爸一样，做一个优秀的体操运动员，参加奥运会。

爸爸和孩子们都很享受这样的草原之夜。

闲聊间，爸爸和孩子们似乎听见了一些细微动静，只见远远地走来一大群"花枝招展"的人。原来是能歌善舞的草原美女们，要为这个美好的夜晚带来动人旋律。

有了精彩的蒙古舞蹈，晚会的气氛高涨起来，爸爸和孩子们也加入到了欢乐的舞蹈队伍中，不时能听到孩子们"哈哈哈，嘻嘻"的笑声。大家不但学习了空中翱翔的老鹰舞，还尝试了蒙古族特有的呼麦。一整个晚上，民族歌舞特有的带动力，让爸爸和孩子们都深深地陶醉了。

回到家的贝儿和多多发现了一只"嗡嗡嗡"碰电灯的虫子，多多给它取名叫"贝多蜂"，贝儿多多蜂，贝儿回味着这个名字，哈哈大笑。多有创意的名字！两个小姐妹相互道着晚安，便并头而卧，一直等到陆爸爸把熟睡的贝儿抱回了5号房车。Grace和Joe一起奋力抢爸爸的抱抱，最后都累倒在爸爸的怀里进入了梦乡。杨阳洋在爸爸的擦洗后，乖乖地喝完牛奶，躺上了温暖的小床。而Feynman突然想念妈妈，哭倒在爸爸怀里睡去。

月光下的父爱静谧无言，却如同这温润的空气，给予孩子最坚实的拥抱。

第四节
奶牛要润肤

爸爸和孩子们在绿意荡漾的草原美景中醒来，今天他们将要完成一项和草原生活密切相关的任务——挤牛奶。

村长把大家带到一头叫"哞哞"的母牛跟前，告诉大家，今天"哞哞"心情不好，要想把奶挤出来，就一定要跟它沟通，好好安慰它。"你们一定不能把它惹急了，它的脾气可大啊。""坏坏"的村长最后还吓唬大家。

为了确保牛奶品质，挤牛奶前爸爸和孩子们都统一戴上了手套。看着被铁栏围着的"哞哞"，爸爸们跃跃欲试。勇敢的杨阳洋先上前试探着摸了一下"哞哞"的脖子，没想到"哞哞"一下发火了，抬起后腿猛踹了一脚。

"听话啊，听话。"杨威连忙上前安抚"哞哞"。吴镇宇也把声音装扮成温柔妈妈上前帮忙："乖，乖，我来陪你，哦，爸爸love you啦！"其他爸爸们趁机安放挤奶用的铁桶。

"哞哞"是个犟脾气，左后腿一踹，大力踢开，没想到误打误撞，

竟把铁桶刚好放到了"哞哞"出奶的地方。成功第一步，不容易啊。杨威决定好好抚摸一下"哞哞"，可是刚摸了两下，"哞哞"的犟脾气又发作了。细心的黄磊像抚摸宝贝一样轻轻地来回抚摸着"哞哞"的后背，咦，很有效果，"哞哞"稍微安静了下来。

　　杨威趁机开始挤奶。可是怎么回事，没有奶吗？怎么一直挤不出来。"它会不会是只公牛？"天真的多多不禁起了怀疑。杨爸爸给小丫头解释，有乳房器官肯定是母牛。单纯的多多想到了问题所在："哦，它肯定需要润肤。"

　　过了一会儿，在杨威爸爸的努力下，终于挤出了牛奶，大家高兴地松了一口气。掌握方法后，宝贝们也纷纷尝试，加入挤奶的队伍。

　　可是，"哞哞"只有一边出奶，另一边曹格怎么也挤不出来，看着干着急。幸好旁边还有一头等待挤奶的奶牛。看着另一头只有简单的四根木头围着，没有铁栏的奶牛，曹格和吴镇宇有些迈不开步，这个要怎么挤呢？

　　两位爸爸鼓起勇气上前安抚，刚把铁桶放下，奶牛就发脾气了。受惊的奶牛一脚把铁桶踹开，并且还踩上一脚，又把后面的栏杆碰掉，逃出了围栏。似乎这头牛脾气更大啊。此时另一边挤奶工作越来越顺利，黄磊高声笑着："我终于成为了挤奶高手。"

　　工作人员重新把奶牛赶回围栏。"它听到好听的歌的话，它的情绪就会放松下来。"在此关键时刻，村长给了大家提示。原来热爱艺术的母牛们，听着音乐更能高效产奶。一旁的多多轻声唱起了歌，悦耳动听，宝贝们也跟着哼唱起来。（英文歌《over the rainbow》，中文意思：在彩虹之上，有个很高的地方；有一块乐土，我曾在摇篮曲中听到过；在彩虹之上的某个地方，天空是蔚蓝的；只要你敢做的梦，都会实现……）

　　天蓝草绿，天籁童声中，马儿优雅地吃着青草，奶牛似乎真的温顺起来，接受了曹格的挤奶。曹爸爸笑起来像朵花一样。

　　"轰隆隆隆。"这时，远处传来机器的轰鸣声，一辆拖拉机驰骋而来。爸爸和孩子们纷纷抬起头观望。"收奶咯！"帅气逼人的司机大喊。咦，这收奶工咋这么眼熟呢！

　　"有没有牛奶卖呀？"收奶工来到近前，爸爸们纷纷认出了他的真实身份，原来大帅哥是《爸爸去哪儿》第一季的天天爸爸张亮。

　　"这小伙儿怎么这么帅呀？你的牛奶呢？我是来收奶的。"张亮四处跟爸爸和孩子们打招呼，来到了杨阳洋跟前。杨威爸爸赶紧提示儿子懂礼貌："杨阳洋，看这是谁啊？"看到最喜欢的张亮叔叔，杨

　　阳洋变得腼腆起来，很乖巧地叫道："张亮叔叔。"

　　超级具有亲和力的张亮很快就和孩子们打成一片。而跟张亮熟悉了的淘气包们开始开动脑筋找乐子了。"Feynman，我们俩一起丢张亮，好吗？"杨阳洋和Feynman用手套灌满了水，准备给张亮叔叔一个见面礼。"真的是张亮，哈哈哈哈。"见到真人，小阳洋想想就觉得好开心。

　　"杨阳洋，你们两个要干嘛？"张帅哥看着"全副武装"的两个小家伙问。"不能丢，里面有水。"善良的贝儿及时赶来阻止。

玩了一圈的张亮，终于想起了自己的收奶任务。爸爸们把挤好的奶提了过来，足足有三四公斤，细细地一尝，真甜。自己的劳动成果就是有滋味啊。

第五节
神秘的煮奶茶老爹

挤完了奶，兼职司机黄磊就开着拖拉机载着大家去不远的地方煮奶茶了。煮奶茶的地方，有一位神秘人物正在恭候。当拖拉机渐渐驶近，神秘人物也渐渐映入眼帘，原来是《爸爸去哪儿》第一季的"石头爸爸"郭涛。

"噗嗤，噗嗤。""哈哈哈哈。"看着煮奶茶的郭涛一身奇怪的蒙古汉子装扮，爸爸们忍不住大笑，气氛一下子就热烈起来。石头爸很

"显摆"地教给大家刚学会的蒙古话"赛拜努",这是蒙语"你好"的意思。

"我知道了,他是石头爸爸。"机灵的小贝儿首先认出了郭涛。

"啊?你都看出来了吗?我可是蒙古人啊!看我的胡子。"石头爸继续硬撑着,可是他疙疙瘩瘩的络腮胡全是破绽。宝贝们已经全都认出"石头爸爸"了,杨阳洋对现有队员做了个高度概括:"第二季加上第一季的了。"

接下来"石头爸爸"为大家演示如何制作鲜香醇美的奶茶。首先是炒米,把米放在大勺里稍稍炒一下;然后倒入热气腾腾的茶水,让茶水跟米充分搅拌;最后倒入鲜牛奶,要感觉到稠稠的,如果有需要,还可以加入适量的盐。

明显业务生疏的"石头爸爸"破绽百出,一旁站着的当地牧民实在看不下去了,忍不住上前指导,这才让"石头爸爸"蒙混过关。

惬意的早晨,爸爸和孩子们排排坐,等待享受美味的奶茶。这时不远处徐徐走来了两位端着茶碗的服务生，立刻吸引了宝贝们的眼光。哇哦，好帅的两位哥哥啊。

"他好像是《爸爸去哪儿》的。"懵懵懂懂的多多还没有搞清楚状况。贝儿连忙贴过来说："这是石头和天天。"小丫头眼尖，一下就认了出来。两季萌娃终于在大草原相聚啦！石头和天天给每位发完茶碗，便跟各位爸爸和宝贝们亲切见面，小伙伴们很快熟悉起来。石头哥，还是那么酷酷的。

热情的蒙古族老乡，为大家准备了可口的早餐。等奶茶煮好，天天帮助煮茶老爹郭涛，为大家倒上了热腾腾的奶茶。丰盛美味的配搭大大刺激了大家的味蕾，点赞声此起彼伏。"嗝！好饱啦！"Feynman深深地打了个饱嗝。

喝完奶茶后，爸爸和孩子们纷纷坐上了马车，贝儿一时兴起选择了牛车，他们纷纷离开，是要去干嘛呢？

第四章

牧场抓羊记

　　输和赢都不重要，成长和进步才最重要，不要怕对手强大，不要怕输一场，试一试，你就在不断的挑战中开始成长。

第一节
大帅哥变成了"灰太狼"

　　爸爸和孩子们坐着马车和牛车，到达了任务目的地。绿草如茵的山坡下，有两个羊圈，一个羊圈里圈着大羊，一个圈着小羊。再次来到《爸爸去哪儿》的石头和天天显得特别兴奋，自从第一季节目结束之后，两位萌娃一直幻想着能再次参加这个节目，这次终于如愿以偿了。

　　"村长！怎么这次不收手机和ipad？"在等待新的任务的间隙，有

过经验的天天立刻想起了节目的规则。原来由于张亮父子和郭涛父子第二天才加入进来，村长忘记收他们的电子设备了。相比一年前第一次收手机的时候，紧张的天天崩溃地大哭，这次他就积极多了，甚至主动提醒村长收手机，还催着石头爸交手机。小男子汉成长了。

"接下来，我们要先完成一个任务。天气炎热的时候，羊很容易生病，所以我们要帮牧民朋友把羊抓出来，要给它打防疫针。注意，只有头上有记号的才需要打防疫针。"村长给爸爸和孩子们宣布了新的任务，"现在呢，七位老爸加上我要分成两个组，四个人一组，每一组要抓到六只羊才算胜利，看谁时间最短。"

有趣的抓羊比赛就要开始了，第一季的两位老爸郭涛和张亮被推举为抓羊分队长，然后由分队长挑选各自小队的队员。张亮的选择标准是身强力壮，选了黄磊、杨威和吴镇宇，可是张帅哥，最厉害的抓羊高手被你漏掉了哦。另外一队则自成一组，郭涛、陆毅、曹格、村长。

通过猜拳，张亮队赢得先发优势，率先进入了大羊圈抓羊。羊圈里，四位老爸全神贯注，蓄势待发，而羊儿们也全体戒备，"咩咩咩"，像是在说兄弟们团结起来，打针怕怕。看着庞大的羊群，老爸们商量着抓羊目标，统一标准：有角的羊个头太大，难抓，要留给对手。

爸爸们开始行动，顿时整个羊圈沸腾起来，左扑，右扑，羊群像奔腾的洪流往前乱窜。爸爸们疾速追赶，抱身子，抓脖子，可是羊儿跑得太快，都不管用，奔跑的杨威还差点撞上围栏。幸好善良的牧民出手相助，示范要抓着羊的后腿向后拖。

"我找到一个，上面有红点的，你们快找！"场外热心观众杨阳洋还帮忙寻找目标。

找到方法的爸爸们很快就有了效果，杨威和吴镇宇合作将一只羊按倒在地上，并抬起来扔到了羊圈外。首战告捷，张亮小队渐渐得心应手，六只羊的任务顺利完成。

哒哒哒，杨阳洋张开双手朝完成了任务的爸爸跑过来，亲一口作为奖励，爸爸辛苦了。"杨阳洋，我们抓了六只羊，比你还多三只羊呢。"原来杨威爸爸的公式是，六只羊–杨阳洋=三只羊。

接下来该第二队入场了，郭涛、陆毅、曹格、村长围成半圈，"杀"向了羊群，刚消停一会儿的羊圈再次热闹起来。"村长，咱们自己人，这时间不都是你说了算吗？"帅帅的陆毅趁机"贿赂"村长，不过村长却不理他这茬。

有了第一队的经验做借鉴，第二队抓羊效率事半功倍，瞬间就抓到了第一只羊。抓第二只羊的时候，陆毅一个人就一把拎起，迅速放倒在地，惊得石头和小Grace相互挤眼睛，我的天，这太厉害了吧。第二队有如神助，爸爸们和村长相互合作，很快就抓到了六只羊。

"陆毅太厉害了，全是陆毅一个人抓的。陆毅，你这个'披着羊皮的狼'！"黄磊跟陆毅开着玩笑，原来第二队的六只羊，竟然有五只是陆毅抓的，大帅哥真成了"灰太狼"了。

"五只了，还差一只啊。"见第二队一帆风顺，第一队的吴镇宇在旁边捣乱。第二队的爸爸们记不住数，也被吴爸忽悠的云里雾里。队长郭涛也犯晕了："还有一只啊？""对啊，刚才是他们蒙你啊。最后一只，你们去抓黑的，对，黑的跑得慢。"真正的"整蛊专家"吴镇宇继续撺掇。不过很快，他的蒙人计划成功了，第二队的队员们不但开始继续抓羊，而且把目标锁定在一只大黑羊身上。

这下可就费劲了。壮实敏捷的大黑羊跟着羊群满场疯跑，爸爸们想靠近它都做不到。抓这只羊可比前面的六只羊还要难，爸爸们都跑得直喘粗气。"薯条爸爸加油！""村长加油！爸爸加油！"宝宝们在旁边充当起后援会，为老爸和村长鼓劲。

在宝贝们的鼓励下，队员们奋起余勇，村长李锐瞅住机会，往前一扑，终于抓住了大黑羊的后腿，不过他自己也摔得四仰八叉。老爸们连忙赶过来帮忙。肥肥的大黑羊超大一只，四位队员费尽九牛二虎之力，才把它抬出了羊圈。

激烈而有趣的抓羊比赛正式结束了。第一队的最后成绩是8分52秒，而第二队的最后成绩是6分20秒。

"怎么觉得我们多抓了一只羊啊。"比赛后，后知后觉的曹格开始回过味来。

"对，我也感觉是。"队长郭涛也是个大迷糊。吴镇宇算是得手了。

第二节
抓羊需要勇气

爸爸抓完羊后，轮到宝贝们上场了，不过目标是旁边的小羊圈。宝贝们也要分为两组，十分钟之内，看哪个小组抓到的羊多，并且在羊头上刷上颜色，就算赢。

"多多是我们《爸爸去哪儿》第二季的队长，石头是我们第一季的队长，你们两个要'石头剪刀布'，然后来挑各自的队员。"在村长的主持下，"石头剪刀布"，多多猜拳赢了第一局，获得了优先选择权。

"你选哪位？"激动的杨阳洋小脸上满是期待的笑容，在多多背上敲了三下，那意思是说，选我吧。贝儿也是满眼小星星地看着多多，多多姐姐，我在这儿呢。还好，多多姐姐可能感受到贝儿的脑电波，第一个挑了她。杨阳洋抱着双臂，脸上满是失落，居然不是我，唉！

石头很聪明，感觉抓羊是个力气活，一下就挑了个大的男生天天，第一季双强组合到位。

"石头剪刀布"。第二局石头赢了，先选。多爸黄磊紧张女儿小组的实力，立马捣蛋，指着Grace说："石头，这个小的特别好。"聪明的石头根本不上当，继续选了看起来力气更加大一些的男生Joe。而多多也马上锁定了勇敢又可爱的杨阳洋。往事随风，杨阳洋一下子忘了刚才的失落，又跳又蹦，瞬间变得阳光灿烂。

"石头剪刀布"。第三局多多又扳回来了，先选了Feynman，那么三岁的小"姐姐"自然就划归石头组了。

"她不是姐姐吧？"石头还不知道Grace的小名，这么小，怎么看也不像大姐姐啊。幸好黄磊告诉了答案。Feynman却认为不对，说："她的名字是'包子妹妹'。"

比赛正式开始，石头队长带领天天、Joe、Grace先进场，活力满满地冲向羊群。开场非常顺利，"怪力少年"天天单手揪住一只羊的羊腿，轻轻松松就抓到了一只。紧接着石头也一个人抓了一只。两位大哥的出色表现，把Joe和多多看傻眼了，这太厉害了！

Joe看着羊群犹犹豫豫不敢上前，在远处架势十足地自嗨。看着小羊心痒痒的"包子妹妹"也想试试身手，便来央求哥哥："Joe，你可以帮帮我抓小的吗？"可是有点害怕的Joe不理她这茬。没办法，Grace只好跟着天天和石头，想要上前帮忙，可是看到"弹、弹、弹"的羊腿又好害怕。还好，一会儿她就找到适合自己的工作了，帮忙在羊头上刷上颜色记号。

石头和天天进展顺利，一只接一只，十分钟结束，居然有了二十只羊的战绩。

下面该多多小组一展身手了。在一旁学了好一会儿的杨阳洋信心百倍，放出豪言壮语："我们要抓三十只，我们可是高手啊！"小男子汉决定放手一搏了。

比赛开始，多多和贝儿尝试去抓羊的后腿，还没抓稳就被羊逃走了。雄心壮志的杨阳洋默念着"三十只"的目标，勇敢出手，抓住了一只羊的后腿。双手抓紧，使劲拖住，好样的。"抓到了，抓这只，抓这只。"杨阳洋奋力地把羊往后拉，喊着同伴来帮忙，可是他力气还是不够，手一滑，被小羊挣脱了。另一边的Feynman一把紧紧揪住小羊的屁股往后拖，可是怎么也拖不动啊。急得吴爸爸大喊："不是拉屁股，Feynman，直接拉它的腿。"

四个小宝贝要么年龄太小，要么力气不够，出师不利，一时间手足无措。杨阳洋尝试着抓了好几只羊，结果都因为力气不够，最后被小羊挣脱掉。Feynman也鼓起勇气试图抓住一只羊的后腿，结果被羊的后腿碰到了左胸，躺倒在地上。坚强镇定的Feynman全然不在意，从地上爬起来，立刻重新投入比赛中。满是担心的吴爸爸上前确定feynman没有受伤，才放下心来。

这时，天天和石头主动过来帮忙，宝贝们一下实力大增，齐心协力，很快抓到了两只羊。有了天天和石头的示范，下面就要由第二组的队员独立完成了。

"坏坏"的吴镇宇给孩子们用起了激将法："没人帮忙，你们是抓不到一只羊的。看，我们看着你们怎么抓不到羊。"

但是有了成功经验的宝贝们不为所动，决定抱成团，一起来抓羊。由多多、贝儿、Feynman抓后腿，杨阳洋用最新练成的绝技锁住羊头。宝贝们一起把小羊往后拖，可是，贝儿和Feynman，你们为什么去抓多多，而不抓羊呢？由于拖拽不够力，小羊挣脱出来，第一次失败。

不过，失败是成功之母，宝贝们并不气馁。勇敢的杨阳洋总是第一

个冲上去，愈挫愈勇。终于，第三次尝试，小伙伴们制服了一只羊。小羊在地上一动不动，完全心服口服了。一会儿等孩子们走开，小羊一下站起来跑掉了，原来这只小羊还会装死呢！

　　宝贝们继续抓羊，一会儿又有收获了，咦，怎么跟刚才抓的那只一

模一样呢？原来那只装死的小羊又被抓回来了。这是缘分啊。感受到朋友的成功，Joe也充满了勇气，再次加入了抓羊的队伍。宝贝们合作越来越顺畅，收获一个又一个。

比赛结束了，虽然过程困难重重，但是努力参与的孩子们已不知不觉中，将勇气的小种子埋在心底。

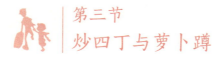

第三节
炒四丁与萝卜蹲

抓完羊，爸爸们将为大家准备美味的午餐。于是《爸爸去哪儿》第一季的张亮张大厨和第二季的黄磊黄小厨，决定进行一场厨艺大比拼，而由宝贝们做评委，用投票决定胜负。

为了对两位爸爸各做什么菜保密，村长把孩子们带到很远的圆形草垛旁边玩耍。

见到天天哥哥，杨阳洋显得异常开心，跟天天一起走路，姿势都是一扭一扭的。

一会儿宝贝们都聚在了一起，决定玩萝卜蹲的游戏。

"绿萝卜蹲，绿萝卜蹲，绿萝卜蹲完，紫萝卜蹲。"穿绿色衣服的天天是绿萝卜。他蹲了两下，立刻轮到紫萝卜了。

穿紫色衣服的多多连忙接下："紫萝卜蹲，紫萝卜蹲，紫萝卜蹲完，蓝萝卜蹲。"

穿蓝衣的Feynman连忙开蹲，可是一紧张，话都说得含糊不清了。一直等天天问他"完了啥蹲"，他才挤出来："黄萝卜蹲。"黄萝卜的Joe顺利接下，将棒传给灰萝卜的石头。石头大哥非常稳健，蹲了两蹲，就传棒给了绿萝卜。天天又传棒给粉萝卜，穿粉色衣服的贝儿声音清脆："粉萝卜蹲，粉萝卜蹲，粉萝卜蹲完，阳洋蹲。"咦，说错啦，杨阳洋穿着黑衣服，应该是黑萝卜啊。贝儿淘汰出局。

第二局由石头接棒，"灰萝卜蹲，灰萝卜蹲，灰萝卜蹲完，绿萝卜蹲。"天天接上，不停的"绿萝卜蹲"，蹲了个无限循环，突然转到"紫萝卜蹲"。幸好多多反应灵敏，马上接上，并传给了黑萝卜。杨阳洋越玩越开心，大跳起来，每一蹲都蹦得老高，"黑萝卜蹲完，灰萝卜蹲。"石头又传给天天，看来石头脑袋里只有绿萝卜啊。天天接了棒，很快点了蓝萝卜的名。

咦，发生什么事了？蓝萝卜的Feynman正在发懵，一脸迷惘，没有接上，淘汰出局。

第三局，Joe又开了小差，走神了，淘汰出局。

到第四局的时候，杨阳洋已经忘情地跳起了踢踏舞了，以致于当多多把黑萝卜传给他的时候，迟疑的杨阳洋慢了半拍。

"出局啦。"石头和天天坚持游戏规则，让杨阳洋出局。可是好胜的杨阳洋从来不轻易承认失败的，着急地说："没有。"

"你刚才迟疑了一下，对吧？"天天做出客观分析，坚决地把杨阳洋踢出局外。

"不玩了，我不跟你们玩了。"心气不顺的杨阳洋闹起了小情绪。

"乖啊！乖！我陪你一起去找爸爸吧。"温柔的大姐姐多多连忙过来安慰伤心的小阳洋，并叫上小闺蜜贝儿陪杨阳洋一起回去。"杨阳洋怎么啦？"由于淘汰出局安静坐在草垛上的贝儿也过来关心。

两个好姐妹一起安慰杨阳洋，并很快带着他一起玩起了爬草垛的游戏。在小伙伴陪伴下，杨阳洋的心情渐渐好起来。这时，感到愧疚的天天过来跟杨阳洋道歉，两个小伙伴一起握手，又和好如初了。有着天天哥哥和多多姐姐一起玩，杨阳洋觉得空气中都是幸福的味道。

另一边，当爸爸们用牛粪当燃料做好菜的时候，评委宝贝们也坐着村长的车回来了。

村长给宝贝们每人发了一个羊夯儿哈，也就是羊骨头，作为投票工具。宝贝们将分别尝试桌上的两道菜——炒四丁和鱼香肉丝，觉得哪个菜好吃，就把羊骨头放在哪个菜的旁边。

很快宝贝们都有了自己的选择，炒四丁赢得了石头、多多、Feynman、Joe、杨阳洋的热烈欢迎，一共获得五票。而鱼香肉丝获得了两票，分别是贝儿和Grace。怎么还差一票呢？

　　"等一下啊！"原来是天天。哧溜，天天快速跑到张亮的旁边，"爸爸，你做的到底是哪一个，我要放你那个。"原来天天尝不出哪个是爸爸做的菜，跑过来作弊了，真是个小暖男啊。"是吗？你那么支持我。好吧，我做的是鱼香肉丝。"张爸爸赞叹一声，"果然是亲生的啊。"

　　于是比赛结果出来了，黄小厨的炒四丁获得五票，张大厨的鱼香肉丝获得三票。

　　对于这个结果，爸爸和孩子们都有话说。据"专业分析师"郭涛分析："张大厨有一点小小的失误，是放了辣椒。"对此，张大厨承认了，原来他的菜是做给爸爸们吃的。（张大厨，评委明明是宝贝们，你却做了爸爸们喜欢的辣菜，输得不冤。）

　　可是贝儿为什么投票给了张亮呢？

　　贝儿回答说："那个炒四丁没味道，我喜欢这个味道。"原来贝儿口味重，是小宝贝们中的例外。

比赛结束，爸爸们还做了摊鸡蛋和烙饼，善良的牧民还送来了手抓羊肉为大家加餐。天宽地阔，和风煦煦，爸爸和宝贝们都吃得津津有味。

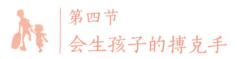

第四节
会生孩子的搏克手

在草原上，除了骑马、射箭，最受欢迎的运动是什么呢？那就是摔跤。茫茫草原，天地搭台，蒙古族男人从小就会摔跤，摔跤手们互相抱摔，施展扑、拉、甩、绊等多种动作，谁在十五分钟内把对手逼出圈外，或者撂倒在地，谁就赢了。爸爸和宝贝们将要参加一个新的比赛，摔跤比赛。

"在我们草原上，摔跤手还有另外的一个名字，叫做'搏克手'。

（吴三岁又来个搞笑：是微博，还是那个博客？）"村长告诉大家，并指着过来的两位威武雄壮的草原搏克手，"大家看看，搏克手跟我们有什么不一样？"

天天说："光膀子。"Joe嘻嘻地说："胖肚子。"Grace看着搏克手的模样也哈哈笑："光肚子。"

村长继续问孩子们："你们猜，肚子里面装的是什么东西？"

"当然是饭。"石头说。而Feynman很有想象力，说："鸡。"可能是看到搏克手的胖肚子，觉得只有吃鸡肉才能长成这样吧。可爱的贝儿好像突然明白过来，惊喜地叫到："他要生宝宝啦！他要生宝宝了！"多多赶紧为妹妹普及一下常识："不是，你知道吗，男生是不能生宝宝的噢。"

搏克手为大家演示了比赛的礼仪，胜利者退场要大摇大摆的姿态才够威风。而各位老爸们要换上专业的摔跤服饰，才能开始比赛。就在老爸们换衣服的时候，兴趣爆棚的宝贝们已经开始跃跃欲试了。

比赛场地画定的两个圆圈中，Joe和Feynman摔成一团，Joe轻轻松松就三次将Feynman摔倒在地，可Feynman也好不气馁，持续挑战。一边的小Grace一脸崇拜，哇塞，哥哥的力气好大哦。另一边，另一对兄弟石头和天天也嬉闹着摔在一起，要一决胜负。天天的超级小粉丝杨阳洋在一边狂喊"天天加油"。可是，虽然天天始终不放弃，还是被绊倒了N次，太受伤了。

而女生们不喜欢这样激烈的运动，静静地在一旁观看。

老爸们换好衣服，该分组了。A队由吴镇宇、曹格、郭涛、张亮组成，B队由黄磊、陆毅、杨威组成。这还差一个人怎么办呢？黄磊看中了节目的总导演谢涤葵，却被谢导趁机溜掉了，没办法只好找了一位节目编导来填补。在村长的揭秘下，老爸们才知道这位编导也不是吃素的，节目中很多整老爸的招，都是他想出来的。这下老爸们同仇敌忾了，一定要好好"报这个仇"。"积怨太深"的吴影帝放下狠话："你别碰到我！"

摔跤比赛正式开始。

第一场，陆毅对曹格。两位老爸威武地摆了几个Pose，握手致意，准备大干一场。裁判一声令下，"开始！"曹格直接躺在地下。这是什么状况，是认输了吗？突然曹爸爸又站了起来，重新迎接挑战。原来搞怪的曹爸只是想试试触地的感觉。

贝儿和天天都为陆毅加油，腰伤在身的曹格艰难应战，Joe和Grace怎么不为爸爸加油了呢？曹格感觉体力不支，跟陆毅商量，主动跳了起来，让陆毅来了个华丽的720°全旋，摔出圈外。第一场，陆毅获胜。

第二场，杨威对张亮。张亮依着腿长优势，果断地绊腿，将杨威摔倒在地，获得胜利。

第三场，编导对吴镇宇。这次是冤家路窄，刚刚放出狠话的吴镇宇如愿以偿地遇到了"整人编导"，惹得张亮满怀期待："哇，重头戏来啦！"比赛刚刚开始，吴镇宇就连连出招，首先比划剪刀手，然后是卖萌战术吸引对手注意，后来的攻势更如同暴风骤雨。可是"整人编导"也不是吃素的，战况激烈，双方相持不下。突然，吴影帝重心不稳，摔倒在地，很遗憾地败北。编导获胜。

第四场，黄磊对郭涛。两位老爸体格相似，算是同一重量级对手。两人上场跳了半天舞，可是黄小厨还是技高一筹，将郭涛摔倒，获得胜利。

这样，除了编导之外，场上就有陆毅、黄磊、张亮三位老爸成功晋级。三位成功晋级的老爸搏克手，下一步将要跟草原上真正的三位搏克手进行比赛。

"我爸爸选择那个最矮的！"天天做主，为爸爸挑选了一位看起来比较瘦小的对手。可是张亮依然还是很紧张，"我跟你说，这个最厉

害，你知道吗？"村长问他："你怎么知道的？"张亮满脸忧虑地说：
"你看看他那个肌肉的紧实度，就知道了。"一旁的天天听着，满是歉
意，又不小心"坑爹"啦。

比赛进行得出乎意料的快，头号种子选手黄磊刚上场就被对手随意
摔倒，看得多多都傻眼了，这输得也太快了！二号选手陆毅很快也仰面
到地。三号选手张亮被寄予厚望，却也被对手一个过肩摔摔倒在地。

因选错对手而内疚的天天，难过得嚎啕大哭起来。幸好宽厚的草原
搏克手主动让天天摔倒一回，才让小男生释怀。

"摔跤比赛，其实是爸爸们在用自己的实际行动，教给宝贝们不
要怕输。真正的男子汉，要勇于去挑战比我们强大的人。如果有勇气
去挑战，就有机会赢，如果不敢挑战，那就永远输。"这是村长告诉孩
子们的道理。

第五节
学会了成长

爸爸们摔完跤后，轮到小宝贝们来比试一下了。宝贝们将与草原的
小朋友搏克手一较高下。"谁不敢摔，谁就是胆小鬼，我们当中有胆小
鬼吗？"村长又对孩子们用起了激将法。

受到激励的宝贝们踊跃上场，首先是Feynman。

比赛开始，Feynman跟草原小朋友先握手表示友好，然后战局就迅
速拉开了。勇敢的Feynman攻势激烈，两人推推攘攘，不分伯仲。草原
的小朋友都有点累了，也没有力气再摔，最后双方以平局结束。对儿子
大感意外的吴镇宇把Feynman一下子抱了起来，一个劲儿亲："很棒，

Feynman，想不到你那么厉害啊！"吴爸爸为儿子感到骄傲。

第二场出战的是杨阳洋，他的对手是比他高半个头的蒙古族小哥哥。可是，杨阳洋毫无畏惧，比赛一开始，小男子汉就像出笼的猛虎，主动发起了进攻。两人你推我锁，腿膝相击，很快战况就进入白热化。杨阳洋找到诀窍，绊不倒就把你推到圈外，最后杨阳洋凭借韧劲获得了胜利。爸爸和小伙伴们纷纷为他鼓掌。

第三场出战的是一向腼腆的Joe，他的对手却看起来很强大。可是，刚刚拉开阵势，Joe的神勇表现却让大家刮目相看。Joe紧紧地抓住对手，一会儿尝试绊倒，一会儿大力甩开，连一向说Joe胆小的吴镇宇都忍不住点赞："Joe，很厉害哦。"终于，在小伙伴们的加油鼓励下，Joe成功地扑倒了对手，赢得胜利。

又高兴又惊讶的曹爸爸问他："你为什么好像会摔跤，力气还那么大？""学你呀。"害羞的Joe指了指爸爸，原来曹爸平常的练拳习惯影响了他。

第四场是重头戏，哥哥们的决斗来了，由两个大哥哥石头和天天来一决高低。比赛一开始就毫无喘息机会，直接进入激烈状态。刚刚在热身时被绊倒过N次的天天此时吸取了教训，步步小心。突然，他看准时机，伸腿一绊，成功逆袭，将石头摔倒在地，获得胜利。

一直认为必胜的石头，满心的不服气，回过身又把天天抱住，成功摔倒。不过，比赛已经结束，这次摔倒也是无效的啊。

摔跤比赛正式结束了，张亮和郭涛带着两位宝贝也要结束这次旅行，跟大家说再见了。

他们都知道，这样的经历，对爸爸和孩子，都一生难忘。

晚饭时间，爸爸们用牛粪生火，电吹风也被当做吹火神器，在云雾缭绕中，美味的饭菜终于做好了。爸爸和孩子们围桌而坐，享受着别样温馨浪漫的烛光晚餐。

孩子们一天天长大，爸爸们深切感觉到小宝贝们慢慢要羽翼丰满，独自飞翔了。看着吃完晚饭在吴爸爸怀里睡着的Feynman，爸爸们一阵感慨，以后能抱起他们的日子越来越短了，能抱的时候就多抱一下吧。

一夜无话，父爱无声。

新的一天来临，乖乖就像多多家的小闹钟，一下就吵醒了小主人。而Grace含着爸爸准备的牛奶醒来。屋外，天空碧蓝碧蓝，美丽的草原托着白色的云朵，又迎接着爸爸和孩子们新的欢乐。

今天的活动是滑草，爸爸和孩子们都换上了鲜艳的盛装，赶着马

车来到了滑草的山丘下。村长坐在滑草车上，哎咦哟哟，一步一步往前挪，就是滑不下来，逗得爸爸和孩子们哈哈大笑。

在一望无垠的草原上，爸爸和孩子们的滑草比赛玩得非常高兴，无论是家庭赛还是个人赛，多多都得了本轮第一。而贝儿更是"啊啊啊"一路嗨下来，杨阳洋同样嗨个不停，Joe一路高叫"生日快乐"，如行云流水般一冲而下。

快乐的时间总是觉得很短暂，这次三天两晚的旅行就要结束了，爸爸和孩子都意犹未尽，但是也要回家了。

在这个让心灵互相依靠的圣地，宝贝们学会了挑战和勇敢，学会了成长的快乐和爱。谢谢你，美丽的大草原。

第五章

宝贝带娃记

　　宝贝，有多少次，我从心底被感动、惊喜，其实你比我想的更懂事、更坚强，是你对我的爱教会了我更多，谢谢你。

第一节
驴车在狂奔

爸爸和孩子们的第六次旅行，来到了甘肃白银市景泰县的黄河石林。黄河石林形成于210万年前，由于地壳运动、风化、雨蚀等地质作用，形成了千姿百态的石林奇观。这里原始、亘古、苍茫、纯粹，这里是笼罩在浓郁梦幻色彩中超越时空的造物杰作。更为神奇的是，在与石林一河之隔的地方，有着一片神奇的绿洲——龙湾村，这里绿意盎然，瓜果飘香。这片同时拥有着黄河、石林、戈壁、绿洲的神奇土地会有怎样的惊喜和挑战，在等待着大家呢？

在贝儿的想象中，这次的旅行地全是沙子。天真浪漫的多多姐姐觉得，那里所有的东西，都是偏蓝色的，而且长得像一碗粥，所以叫兰州。原来多多的神奇逻辑是，兰州等于蓝粥。可是，那里虽然属于甘肃，却不在兰州市，而是属于白银市啊，小丫头难道把甘肃和兰州也划了等号。杨阳洋希望去的地方，还是像上一站念念不忘的草原一样，果然"三只羊"，就是喜欢草啊。

到了目的地，爸爸和孩子们一下车，就感觉"气氛热烈"。满眼都是黄色的石林和土路，炽烈的阳光炙烤着大地，滚滚热浪瞬间来袭。

Feynman悄悄地跟Joe密商，等会儿见到村长，要用准备的双节棍打屁股。孩子们忍着酷热，四处张望，这个调皮的村长到底在哪儿呀？

"嘚儿，驾！"石林间的峡谷中突然转出来一辆驴车，"九月里来九重阳，野菊开在大路边哪！有心摘花无心戴……"车夫穿着坎肩，包着头巾，果然是热衷于各种民俗体验的村长到了。

爸爸和孩子们哈哈大笑，村长千变万化，这回玩起最炫民族风了。"助理，停一下车啊！"村长吩咐自己的小毛驴，来到大家面前，"朋友们，你们好啊！"

见到了村长，大家知道住的地方有着落了。村长告诉大家，这次三天两晚的旅行，将住在绿树如茵、瓜果飘香的龙湾村。

"村长，从你的装扮上看，这次是不是得住窑洞啊。"在前几次旅行中吃惯苦头的爸爸们对居住环境有着深深的阴影，不知道这次村长又想什么招"折磨"大家呢。

"这次的居住条件非常好。"村长也发善心了，"1号房里有一只大山羊，2号房的地上晒满了杏干，3号房是婚房，4号房是配置达到五星级标准的豪宅，5号房在一片风景优美的果园里。"Joe和Grace一听，就喜欢上了3号房，婚房肯定是最漂亮啦。

选房的规则很简单，爸爸们要赶着驴车，拖着行李和孩子们，到达哪

个房子，那个房子就属于你的了。行李、驴、爸爸和孩子，必须同时都到房子门口。看着远远的五辆驴车，一下子唤起了吴镇宇对天坑的记忆，由于吴爸不喜欢驴，硬是自己提着两个大大的行李箱，沿着崎岖泥泞的山路下的天坑，想起来就是噩梦。吴爸爸期期艾艾地说："这是，这是……天坑的那几只吗？"（小驴给影帝抛了个媚眼，哥，一回生二回熟啊。）

选房子大赛开始了。第一次赶驴车的陆毅一"驴"当先，他的"牧民妻子"黄磊紧随其后，杨威吆喝了半天，驴车却纹丝不动，落在了最后面。Joe和Grace坐在爸爸的小驴车上，嘻嘻哈哈，向着心仪的3号房快乐进发。

黄磊的驴车跑得飞快，才走了一小段路，就跑到了第一。可是却出了状况，车上的行李颠下车来。多爸只好停下驴车，捡回行李，落到队尾的他急匆匆地把车赶得飞快。原来多爸有自己的赶驴神咒，他一念"驴肉火烧"，小驴就往前跑。难道小驴是怕不跑快点的话，黄小厨就要下手把它

做成驴肉火烧吗？

这时，同样掉了箱子的吴镇宇，还在起点徘徊。是不是每次遇到驴，吴镇宇就要倒霉啊，这次看来是最后一名了。

一会儿驴车就上了大路。陆毅依然排第一，杨威快"驴"加鞭排第二，曹格紧随其后，排第三，黄磊疯狂念咒，一路狂追。四家都奔着1、2、3、4号房去，剩下的5号果然房无人问津，看来非还在起点零位移的吴镇宇父子莫属了。

吴爸终于想出办法，让儿子坐在箱子上，这样箱子就不会掉了。然后，父子两总算慢悠悠地出发了，能够预知结局的吴爸温柔地对小驴说："乖，哦！慢慢来，我不拽你啊，不让你疼。走快没有。"

另一边，抢房大战越来越激烈，黄磊奋力直追总算超过了曹格，多多对爸爸直点赞。最后杨威父子如愿以偿地住进了4号房，Joe和Grace想要的3号被陆毅父女捷足先登，只好入住了2号房，而黄磊父女住进了1号房。而在遥远的村那头，在郁郁葱葱的树荫下，闻着满园的果香，沿着童话般的林间小径，吴镇宇父子也来到了果林深处的小小5号房。

"太棒了！就这里！太好了！我觉得，这里是最好的。"虽然房子又小又简陋，但是满园的果子让吴镇宇父子非常高兴，一下钻进了果林采摘了不少的苹果、桃、西红柿，大快朵颐。满口香甜，超赞！

"爸爸，我超爱这里！"兴致大发的Feynman已经吃得满脸果汁了。

第二节
超细版兰州拉面

爸爸和孩子们住进各自的房子后，好久不见的任务卡又来啦！爸爸要指导宝贝和面，并且要在十二点前和好面团，赶到龙湾村20号，用自制面团进行拉面比赛。

5号房外，吴镇宇倒出面粉，堆成山，全心投入，手把手全程教儿子。没想到自律的Feynman不领情："编导姐姐说，爸爸不可以帮忙。"吴爸爸只好给儿子讲明步骤，让儿子自己去做，自己去收拾行李了。

可是，没有了爸爸的指导，小淘气包却完全不是那么回事了。Feynman颇具创意地不仅拿来了西红柿，还摘来了树叶，揉碎，一起和进面里。而且，还嫌不足，翻翻找找，还有啥能加的呢？对了，菜叶，梨子切片，桃子一坨，统统加上，再加入碱水，团团地揉在一起，大功告成。

五颜六色的一坨，又新奇，又好看。一只打苍蝇都忍不住飞来围观，惹得潜心创作中的Feynman烦躁不已。"蜜蜂，砸死你！"（Feynman利索地一拳砸去。可是人家明明是苍蝇啊。）

收拾完行李的吴爸爸来检查儿子的进展，看着花花绿绿的一坨，惨不忍睹，苦笑着调侃儿子："你揉一坨啥啊？"

这面团肯定是用不上了，吴爸只好从头教起。

2号房的曹氏兄妹俩，也兴致勃勃地开始和面。偌大的一个铁盆，Grace和Joe在里面又搓又揉，不断地加水，加面粉，一会儿就出来湿哒哒的粘稠一团，兄妹俩合作越来越默契。嚯呀！一不小心，Grace就把面粉坨坨粘在了自己的脸上，成了个小花猫。

1号房，在神厨爸爸的指导下，多多进展顺利，放盐，放碱水，放水，有条不紊。"对啦，非常棒，就这样揉。"快嘴黄小厨不停给女儿点赞，每秒语速再创新高峰。3号房的贝儿也在陆爸爸的指导下，领悟了揉面粉像洗衣服的真谛，双手搓揉，很快揉成了面团。

4号房里，对和面一窍不通的"生火专家"杨威正指导着儿子杨阳洋。先象征性放点碱水，两滴，再象征性放点油，两滴，咦，这些是什么？不管了，每样放点，再凭感觉揉揉，最后父子俩一顿疯狂的老拳捶打，收工。

孩子们和好面后，大家都赶到了集合地点，马上要进行的是爸爸们的拉面比赛，究竟哪个宝贝和的面更加筋道，哪位老爸的拉面手法更加

高超呢?

兰州拉面是甘肃地区的代表美食,爸爸们需要在规定的时间内,不论用任何方法,做出兰州拉面,谁的面条最细,谁就获胜。

在比赛之前,孩子们展示了各自的和面成果。多多的面团像模像样,作为黄小厨的嫡系传人很有"乃父风范"。杨阳洋的作品满身裂纹,干巴巴的,实在不知用什么语言来形容啦。杨爸爸却非常骄傲地说:"我们这是跟周遭环境完美融为一体。"想起周围的干燥石林,大家恍然大悟。贝儿的面团做得非常棒,小丫头围着人群跑了一大圈,骄傲地说:"这是我揉的!"

再来看看Feynman的,方方正正的怪味面团里隐隐藏了好多"宝贝",是菜叶和西红柿吗?村长很诧异:"这个看上去特别有披萨的原形。""Feynman这个用来做面包特别好。"黄小厨一锤定音。看着展示的Joe和Grace做的面团，白白滑滑的，村长难以置信："那个是他们俩揉的吗？"曹爸赶紧招认，原来他帮了一点小忙。

接下来，在宝贝的声援中，爸爸们的拉面比赛正式开始！

黄磊和陆毅一上手就拉得像模像样，"哇塞，什么情况？"夹在中间的杨威还不知道怎么开始，一下就感觉到了压力。吴镇宇偷偷地瞧着陆毅的动作偷师，可是Feynman揉的"披萨"面团一拉就断，唉，真是"巧妇难为无米之炊"啊。Grace唱着"爸爸加油"的婉转旋律为爸爸鼓气，可是曹爸也同样伤神中，"我这个怎么一拉就断啊？"

吴镇宇支招："加

油，加油啊！"曹格一想，这是给我打气啊。吴镇宇一指桌上的油瓶："加这个油。"（曹格黑线了，原来是这么加油啊。）

爸爸们一通忙活，陆毅做的面条有点拉面的意思了，而黄小厨却发挥失常，面条足有麻花粗。中间的杨威更是把粗长的面团当鞭子甩，让儿子杨阳洋不忍直视。黄磊拉着拉着，慢慢出现了一根特别细的，他从一堆面疙瘩中撩出一根："哈哈，我已经完成任务了，用这根参赛，怎么样？"

这时，陆毅的拉面也成型，他抽出几根往面板上一摆："我就用这些参赛，不错吧。"旁边的曹格和吴镇宇都惊讶于他又长又细的面条，称赞不已。"你要看好它。"吴镇宇好心提醒。可是话音未落，陆毅的参赛作品已被跑过来的Joe揉成面团。

"啦啦啦啦啦啦。"小可爱Grace哼着小曲，开心地玩着油瓶和面。一会儿把沾满油和面粉的手撑在脸上。杨阳洋喊了一声："姐姐。""嗨。"小花猫似的Grace很妩媚。远远的曹格发现了女儿："哎呀，你的脸上都

是油和面粉。""哪里？我看不到。"萌呆的Grace以为爸爸骗她，无比淡定。"好可爱哦！""包子妹妹"的可爱萌样惹得爸爸和宝贝们都开心地大笑起来。多爸还学起了小可爱那妖媚销魂的姿势。

轮到曹格一家交"作业"时，薯条爸爸灵机一动，他拉出了一根像头发丝的细小面丝："哇，很细！我有一根了。"可是，村长来评判的时候，却怎么也找不到面丝："真的很细，等下，能不能借个放大镜给我？""我这一根更厉害，你们看。"其他爸爸们一起起哄，捻着空气，全面进入《国王的新衣》剧情。

五位爸爸，只有陆毅发挥超常，做出了合格的面条。其他爸爸们的面条都是惨不忍睹，没办法，只好找专业的拉面师傅上阵了，不然爸爸和孩子们中午就得饿肚子了。

三位拉面大师上场，第一步和面，第二步溜条，第三步拉面，动作流利顺畅，一气呵成，这才是专业啊。将拉面下到水锅煮熟，捞起加配料，加汤，一碗美味的兰州拉面就成了。

滋溜，滋溜，滋溜，滋溜，从早上到现在没吃饭的爸爸和孩子们饿坏了，立刻就不顾滚烫，大快朵颐起来。

"哇，好烫！""咿咿呀呀！""昂呜！"又美味又凄惨的哀嚎声回荡在整个龙湾村。

第三节
划羊皮筏大赛

中午的石林，高温炙烤着大地，温度计都爆表了。爸爸和孩子们在各自的新家里睡着美美的午觉，躲避外面的酷热。他们要抓紧时间养精蓄锐，因为下午还有更多的挑战。

午休过后，精神恢复满格，贝儿挂着一根登山杖又出发了，她要跟爸爸一起去新的集合地。没想到刚出门，摄影姐姐就说她是挂拐棍的老太太。小姑娘不答应了，把登山杖往摄影姐姐手里一塞，笑着说："哈哈，你拿着吧，你变成老太太了，你难看啦。"

爸爸和宝贝们都来到了黄河边的集合地，宽阔的河面上，黄色的激流卷起漩涡，煞是壮观。

爸爸们将在这里进行一场划羊皮筏子大赛。每个老爸都会发给一个棒棒糖，坐在羊皮筏子上划到终点，将棒棒糖喂到宝贝嘴里，就算完成。每个船上会配一名筏工，但是筏工不能够帮爸爸划，可以当师傅教爸爸们，但只能动嘴，不能动手。在划的过程当中，爸爸们还要回答节目组工作人员提出的问题。哪位宝贝最先吃到棒棒糖，就获胜。赢了的头两个老爸，今天可以不做晚饭。而输了的三个老爸呢，就要到村子里边去找食材，而且赢了的老爸想吃什么，你就得给做什么。

村长吓唬大家说："越到下游水流越急，你们要是划得不好的话，很可能就要到出海口去接你们啊。"这句话可把宝贝们吓坏了。

"爸爸，你要小心啊！"Joe赶紧嘱咐老爸。Grace在一边默默地擦着眼泪，爸爸又要离我而去，心中悲伤无法抑制，靠着对爸爸的思念，我会坚强地等他回来。信以为真的多多也让爸爸保重，别让我去出海口接你啊。

简易的木筏下是十几个羊皮吹成的气囊，爸爸们纷纷跟宝贝再见，登筏出发了。哈哈，看老爸的乘风破浪吧。

羊皮筏刚下河，就被水流冲得团团转，杨威得筏子和陆毅的筏子差点卡住，一阵手忙脚乱，老爸们终于开始顺利前进了。这时，捣乱的节目组开始问问题了。

"请用下巴数出您的名字总共有多少划？"

"您和您的爱人的结婚纪念日是哪一天？"

"第一次与妻子亲吻的时间地点？"

这都是些什么八卦问题啊，不过幸好难不倒老爸们。

"2006年6月23日，凌晨5点半，在阳明山上，我故意说，我很冷，你可以抱我吗？结果她抱，我就亲她了。"曹格陷入无尽浪漫的回忆中，一发不可收拾，迅速把自己料都曝光了。摄影师还调侃他："哇塞，这么老套的方法你也用啊。"曹爸爸意境全无地说："老套管用。"

陆毅的亲吻在学校，黄磊就是不告诉你。在老爸们的不停答题的时候，筏子也不断前进，曹格暂居第一，吴镇宇暂居第二，陆毅暂居第三，黄磊暂居第四，杨威暂居第五。

眼看就要到终点了，宝贝们在终点纷纷为老爸呐喊助威。曹格的冠军胜利在望，可是就在这时却出了状况，曹爸完全记不清楚结婚纪念日是哪一天，在那儿想答案，筏子也划不起来了。"10月28日。""不对。""10月30日？""你完蛋了。""不是10月30日吗？我记得我们结婚是十月，是10月30日啊。"

就在曹格专心答题的时候，吴镇宇慢慢赶了上来，而且随后的陆毅也

渐渐逼近，并迅速超越成为第一。

曹格还在那里纠结："8月30日？"摄制师提示："不是8月28日吗？"曹格完全迷糊了，一点印象没有："是8月28日吗？不可能啊。"想了半天终于提供了答案："2009年8月28日。"可是没想到还是不正确，应该是2008年8月28日才对。这一集是坚决不能让老婆看啊，心虚的曹爸下定了决心。

这时的战况又发生了变化。吴镇宇也超过了曹格暂居第二，黄磊也后来居上排第三了，曹格落到了第四。第五的杨威还遥遥无期呢。

眼见第一的陆毅正在找绳子，心急如焚的吴镇宇赶紧抢滩登陆，轻轻一跃上了岸，把棒棒糖塞进了Feynman的嘴里，冠军就位。紧接着陆毅一个箭步，也登陆成功，获得第二名。后面的黄磊第三名，曹格第四名，杨威第五名。

正当吴爸爸庆幸不用做饭的时候，村长宣布结果了。简直就是晴天霹雳啊，由于吴镇宇在登岸的时候，划工明显帮忙稳定了筏子，按照比赛规则，要取消第一名，加入到做饭的三人组去。这样陆毅和黄磊就顺利晋升一名，而曹格、杨威和吴镇宇就要当"煮饭婆"了。

"我们去买农家乐。"吴爸爸已经想好了脱身之计。

第四节
对不起，我累了

老爸们要去完成做饭的任务，而宝贝们也有自己的任务，那就是去照顾村子里的小宝宝，当"小爸爸"和"小妈妈"。小宝贝们分成三组，杨阳洋和"姐姐"一组，Feynman和贝儿一组，多多和Joe一组。

"Joe，你跟多多一组耶。"曹格逗起一直超级喜欢多多的儿子来。各位老爸们也一哄而上，"你看他开心死了，哈哈。""小子今天真走运啊！"腼腆的Joe害起羞来。

村长告诉宝贝们："我们要完成的任务是这样的。要到村里边找到很小的小宝贝，然后喂他们喝米糊，给他们换尿布。你们很小很小的时候，爸爸妈妈也帮你们做了同样的事情。"

同组的小朋友都手牵着手一起去完成任务，只有Feynman没有跟贝儿牵手。吴爸连忙上去帮忙："Feynman，你看，每个小组都是牵着手的。你跟贝儿也这样牵着手，好不好？"在吴爸的劝导下，贝儿悄悄地把手伸到Feynman的手旁边。可是害羞的Feynman不好意思起来，不想去牵。贝儿为了化解尴尬，赶紧假装把手抠了抠。看样子鼓励Feynman不中用，吴爸转而来鼓励贝儿："Feynman害羞啊，你帮我照顾他，好吧！"两个小尴

尬还是默默地往前走。

鼓励完儿子的小组，吴爸爸又逗起了Joe，一把从Joe的手里抢过多多的小手："Joe，给我牵一下，好不好？"惹得Joe不好意思的哈哈笑起来，吴叔叔真逗。

第一组的多多和Joe离开大队，寻寻觅觅，很快就在一户农家找到了一个9个月大的小宝宝。

多多和Joe决定帮宝宝洗衣服，两人倒了一盆水，把衣服放到水里，然后加洗衣液搓洗。超贴心的姐姐多多搬来两个小板凳，两人坐着小凳子洗一会儿，加一次洗衣液，再洗一会儿，又加一次洗衣液，终于在第N次的时候，一小瓶洗衣液都挤完了。（其实不要用那么多哦。）终于，姐弟俩配合默契，衣服也顺利地洗完啦。

第二组Feynman和贝儿一路狂奔，四处寻找小宝宝。"Feynman，你可以跟我一起走上面。""走啊，Feynman，快一点。"碎碎念的贝儿在前面跑得像飞一样，后面的Feynman追赶得气喘吁吁，好不容易追上，终于能并肩走了。

终于，两人在一户人家发现一个半岁的小宝宝，决定开始照顾他。

　　热情的贝儿不停地招呼Feynman，用手去拉他，没想到无意中碰到了Feynman手上的伤口。Feynman疼得叫了一声，婉拒了贝儿。贝儿对此毫不知情，看着站着不动的Feynman，不知道怎么办。没办法，先把鞋里的沙子抖抖吧。贝儿抖完沙子，又来继续鼓励搭档，可是Feynman只是不断地后退。

　　"那好吧，你要跟我一起去，还是在这玩沙子？我们帮她洗衣服，好吗？"贝儿再次邀请Feynman。可是不善言辞的Feynman只是沉默不语。贝儿感觉不对劲，突然看到了Feynman的伤口，才意识到刚才弄疼他了，连忙过来道歉。看着呆呆不动的Feynman，小丫头决定先去完成任务。

　　贝儿打算给宝宝冲奶粉。她往奶瓶里加了以滴计算的少量水，加了一勺奶粉，化开，搅拌好，然后把宝宝抱在怀里，开始喂宝宝了。还真有几分样子！

　　这时，去3号房拿肉的吴振宇路过门口，发现了站在门口不开心的儿子。得知儿子跟贝儿闹了别扭，吴爸爸带着Feynman也进入了宝宝的房间，想协调一下Feynman和贝儿分工合作。吴爸细心地教两个宝贝换尿布，可是支支吾吾的Feynman还是不怎么配合。没办法，突然想起要拿肉的吴爸决定带着宝宝和两个"小爸妈"去3号房，把教导两小的任务交给陆毅。

　　此时，小幺组合杨阳洋和Grace在路口处左右徘徊了好一会儿，终于决定出发找小宝宝了。Grace总是离不开爸爸，想去爸爸那儿。小大人杨阳洋不停地安慰她："我们不能去爸爸那里，爸爸在做饭，很难的。"

　　一路安抚下，不知不觉来到一户农家。屋内，主人安抚着哭闹的小宝宝。触景生情的Grace想要爸爸，伤心地哭了起来。暖心的杨阳洋向工作人员要了一包纸巾，默默地帮"姐姐"擦眼泪。

　　"阿姨，麻烦您来照顾下姐姐，我来照顾宝宝。"想爸的小丫头一直不停地哭，杨阳洋决定拜托房东阿姨。他跟小宝宝玩起了玩具，高兴得小宝宝骨碌碌地在床上直打滚儿，两人打成一片。

　　这时，曹格爸爸闻讯赶来。悲伤爆发的Grace立刻扑进了爸爸的怀抱里，说到底她还只是个三岁多的小宝宝啊。

　　"姐姐，你不是照顾小宝宝吗？怎么是你被照顾啊。好了，不哭了，你不是小宝宝嘛，你也是大姐姐了，你自己说的。"曹爸劝慰着女儿。

　　"可是，我说我还没像多多一样大。"小丫头边哭边说，楚楚可怜。

　　"你三岁也很大啊！你不是说你已经很厉害吗？你那天还跟我说，你去抓鸡，然后买菜，都是你自己去的，没有爸爸在的，为什么这次要爸爸在？"曹格试图让Grace自己坚强起来。

　　一直爱黏爸爸的Grace无比真诚地说："因为我喜欢爸爸。"

　　"那任务怎么办？你自己决定。你要不要完成？"左右为难的曹格让女儿自己选择。完全崩溃的Grace不停地摇头。曹爸尝试耐心地给女儿讲道理，希望女儿能独立完成任务，可是小丫头一直"想要爸爸"。曹格决定用一些硬的方式来处理，他觉得应该是时候让Grace接受一些很硬的教育方式了。

　　"'我要爸爸'，每次都是这一句，这不行啊！那下次我不带你好不好？"曹爸爸第一次以这样的方式跟女儿讲话。"我要来。"虽然哭着，小丫头却很坚决。

　　杨阳洋在屋里冲好了牛奶，拿出来给Grace，让她喂爸爸。姐姐带着泪水接过奶瓶喂了几口，看着站起来要走的爸爸，再次忍不住大哭起来。暖心的杨阳洋又拿出纸巾给她擦干眼泪。情难自控的Grace突然跟杨阳洋说："对不起，阳洋，我累了，不能继续任务了，我想回家。"

　　"如果不完成任务，就会影响到其他小朋友，你要跟其他爸爸都道歉的，知道吗？我们现在去跟其他爸爸道歉。因为爸爸也要道歉了，其他爸爸都在努力做任务的时候，爸爸不在，爸爸要来这边找你。"曹格希望用亲情，用爱来让Grace懂一个道理：我不想完成任务，可是为了爸爸，因为我爱爸爸，我就要去完成。

第五节
我是不需要爸爸的大哥哥

　　曹格带着一路啜泣的女儿来到3号房。三号房里陆毅和吴镇宇正带着Feynman和贝儿，照顾着小宝宝。

　　Grace已经哭得梨花带雨，因为完成不了任务，她小小的心灵上带着浓浓的愧疚。小丫头伤心地对爸爸们说："对不起，因为我不想做任务了，我累了。"

爸爸们都安慰着姐姐。吴镇宇趁机教育了不积极完成任务的Feynman，让Feynman也感觉到小小的愧疚。

另一边，多多和Joe洗完衣服后，多多泡好牛奶，把宝宝抱在怀里开始喂了起来。Joe在旁边也服务周到，认真地为多多和宝宝扇着凉风。咂巴，咂巴，突然，喝得津津有味的宝宝不知缘故地哭了起来。多多又哄又抱，完全不管用。原来宝宝尿裤子了，多多却全然不知。

等宝宝妈妈抱走宝宝后，多多感觉衣服上湿湿的，原来宝宝都尿到她身上了。黄磊爸爸刚好遛狗来了，多多在爸爸的帮助下换了件新衣服。而Joe在屋里继续泡牛奶。

这时，曹格爸爸牵着Grace上门道歉来了。

"对不起，我累了，不能继续完成任务了。"Grace感觉到深深的愧疚。

最会哄女孩的多爸连忙安慰她："没事，好了，乖乖不哭。我跟多多姐姐还有哥哥一起陪你，好不好？"看到哥哥和大姐姐的Grace一下子心情好了起来。"Joe，照顾妹妹。"曹格把女儿托付给黄磊，放下心去继续自己的任务。看着爸爸的离开，Grace也没有哭，看来小丫头很喜欢这里。

"姐姐，你的手链怎么这么漂亮呢？"多爸给了孩子们可口的饮料，又给Grace梳起了辫子，开始温柔地教导她，"下次记得不能那么哭鼻子，爸爸会着急，是不是？你越来越懂事，你就长大啦。这样你就真的是一个大姐姐，对不对？"多爸有着多多成长过程中的成功教育经验，把小时候也很倔强的多多培养成现在这样温柔懂事，很有心得，一下子就抓住了Grace的心："好了，休息一下，我们等多多姐姐弄好了那个小妹妹以后，我们就去找杨阳洋，好不好？把你要完成的任务完成，这样爸爸就会很开心，说我的大姐姐这么能干。"

　　"嗯。"小丫头回答得很有力量。

　　此时的杨阳洋，在Grace离开后洗起了衣服，继续坚持完成任务。摄影阿姨问他："姐姐没有跟你一起完成任务，你会生气吗？"小大人似的杨阳洋回答说："我确实不会生气，她跟我道歉了，她哭就是小姐姐，然后她不哭就是大姐姐。"他洗完衣服，很认真地一件件用衣架撑好。由于个子矮，他需要很努力地往上跳，才将衣架挂在了晾衣绳上。

　　摄制阿姨继续问："你为什么愿意帮姐姐完成任务？"

　　"因为我是可以不用爸爸的大哥哥！"多少人在这个夏天被这句话感动到，懂分享，勇担当，暖心的杨洋阳，你是最棒的收获。

　　晾完衣服，杨阳洋又推着婴儿车带着小宝宝遛弯，嘴里还哼着应景的小曲："这是第一次当你的老爸……"这"小爸爸"当得真的是有滋有味啊。

　　没一会儿，黄磊带着Grace和完成了任务的多多、Joe来了，还有乖乖也在后面跟着，杨阳洋一看，这难道都是"姐姐"搬来的救兵吗？

　　有了多多和Joe的帮忙，任务变得简单起来。杨阳洋抽空还把Grace拉到刚晾的衣服旁边，开心地展示着自己的劳动成果。在杨阳洋大哥哥的激励下，Grace也鼓足勇气，尝试着自己开给宝宝喂奶。杨阳洋帮助她一起抬着奶瓶。

　　"你们两个好棒哦！"在大家的帮助下，小丫头不再手足无措，温柔地抚摸着宝宝的手臂，很快就跟宝宝相处越来越融洽。

　　任务顺利完成后，多爸带着四个小宝贝回到了2号房。宝贝们在一排小凳子上，一个挨着一个的排排坐，等着爸爸们回家。笑笑闹闹，这是童年最开心的记忆了吧。Grace稚嫩的童音还在坚持："还有多爸坐一个位子。"多希望，时光永远停留在这一刻。

此时的3号房里，吴镇宇得知了Feynman不开心的原因，拉着儿子跟贝儿消除了误会。Feynman也变得热情起来，虽然不善于表达，他也主动上前想帮宝宝换尿布。吴镇宇和陆毅两位老爸为孩子们做示范，贝儿和Feynman分工合作，很融洽地搞定换尿布任务。

接下来，贝儿和Feynman要给宝宝喂吃的。"我们把粥块给弄碎，然后给她吃。我看着都想吃了，但我们不能吃。"懂事的贝儿拿着粥喂宝宝，而Feynman拿着奶瓶，两个人先一口奶，再一口粥，再一口奶，喂得不亦乐乎。看着宝宝吃得高兴，两位"小爸妈"也满是成就感。

喝完牛奶后，"小爸妈"开始帮宝宝洗衣服。"Feynman，你帮我拿着吧。"贝儿担心Feynman的伤口，贴心地帮忙拧干衣服。那我陪你吧，Feynman也很体贴地坐在贝儿身边，误会烟消云散，友情在体谅中升温。

第六节
宝贝，我们去看最美的风景

在宝贝们去照顾小宝宝的时候，老爸们用合照成功换到了冰爽啤酒和菠菜、蒜苗、土豆等等食材。结果这项举动招到了村民的无比同情，"拍电视的这么可怜啊。"老爸们一时无语。杨威爸爸决定用这些"出卖色相"换来的食材做一些荤素搭配的小菜。

吴影帝最是神通广大，居然凭借超级口才和炉火纯青的蹭饭功力，从农家乐里带回了好些好吃的，原来他学习的是"姐姐"的"拜托"神技。热心的村民还送来了西瓜，这顿晚饭看来是很丰盛了。

晚饭的时候，宝贝们给爸爸们汇报了今天的任务，Grace得到了爸爸的赞扬，笑成了小花猫。当爸爸问到任务完成情况的时候，淡定的杨阳洋

说："还可以。"这一顿晚饭，宝贝们都吃得开心极了，今天难得的体验，让大家收获满满。"生火专家"杨威首次掌厨做的"土豆泥"居然也得到了大家的一致点赞。原来他的秘诀就是"糖放多了就放盐，盐放多了再加糖"，果然是简单实用。

晚饭后，村长表扬了任务完成最好的多多和Joe，表扬了独立完成的杨阳洋，也表扬了Grace："'姐姐'虽然开始没有适应，但是后来还是克服了困难，完成了任务。真棒！"

"嗯。"小丫头重重地点了一下头，受宠若惊。

为了表示对大家的鼓励，村长为大家准备了一个神秘的大奖品：沿着一条非常神奇的会发光的路，你们就可以看到一个奇迹发生！"哇！"全体萌娃一下子兴奋起来，纷纷朝着惊喜出发略。

"快看闪光啦！""有闪光！"沿着蓝色的闪光的路，爸爸和孩子们一起走进了夜幕中的黄河石林。到底有什么样的神秘惊喜在等待着大家的到来呢？

大家来到了一片空荡荡的沙地，沙地上有几个人在烧炉子。"这不是惊喜！""这哪有惊喜啊？"突然，空荡荡的山谷中一阵滋啦啦的响，只见

整个天空瞬间开满了火树银花，绚烂无比。这是什么呢？真是难以置信。

原来这美丽的烟花叫做打铁花。打铁花是我国民间习俗，起源于北宋，是民间艺术中富有文化特色的非物质文化遗产。打铁花前，准备一座熔化铁汁用的熔炉，把事先准备好的生铁，化成铁汁，然后把铁汁注入事先准备好的花棒，把花棒抛向空中，然后用手中的铁锹与之碰撞，顿时铁花飞溅，流星如瀑，如梦幻般的烟火一样。

心痒的爸爸们纷纷尝试去打一把，在节日般的氛围里，老爸们挥舞出漫天星光。寂静戈壁上，爸爸和孩子找到了一个梦幻新世界。绚烂奇景，伴随着孩子们的欢呼，映衬着他们纯真的笑脸，整个夜空都充满着幸福。

宝贝，我们要一直这么欢笑着，去看这世界上最美的风景。

第六章

黄河降魔记

你的童年就应该充满欢声笑语，有你，快乐来得无比简单，这是我们一生的宝贵财富。

第一节
山洞寻宝记

　　《爸爸去哪儿》的第六站旅行已经进展到第二天，爸爸和孩子们从晨曦中醒来，今天他们将接受什么样的挑战呢？

　　早餐时分，任务卡到了。所有的小朋友将在九点钟一起出发去山洞寻找宝藏。是否找到宝藏将决定宝贝和爸爸是否有午餐吃，宝藏的线索，都在随附的藏宝图中。今天的寻宝任务由宝贝们完成，而爸爸们则要去石林深处，完成另一项神秘的任务。

　　宝贝们坐上驴车，兴致勃勃地开始了寻宝之旅。前面的驴车坐着三个男生，而后面的驴车坐着三个女生。"蜻蜓让看，不准拍照。"一路行来，杨阳洋和Feynman对空中的遥控拍摄机发表着不满。Grace还沉浸在"想爸爸"的悲伤中。"我们现在就要去找爸爸了，爸爸们就在前面，他们穿着隐形的衣服。"体贴的贝儿一路安慰着她。

　　"为什么爸爸要躲起来？"想念爸爸的Grace信了贝儿的话，实在想不明白爸爸为啥躲自己。多多和贝儿不停地安慰她，Grace还是无法停止伤心。"多多，给我照片。"姐姐哭着说。原来曹爸爸昨天晚上给了女

儿一张自己的照片，跟女儿说，你要是想爸爸的时候，就拿出来看看，完成
了任务，就能看到爸爸了。思念如潮的姐姐想要看的就是爸爸的照片，可是多
多完全不知道这件事，还把"照片"听成了"小便"，以为Grace要尿尿呢。

　　"好的，好的。我马上就来，给你拿纸去啊。"多多十万火急从驴车
上的包包里找来了纸。哭得满面泪水的Grace完全无力解释，（多多姐姐你
又在搞siao吗？）拿来了纸，可是Grace还是哭个不停，多多也不知道怎么
办了。机灵的贝儿赶紧重新解读Grace的心思："她说她要找爸爸小便。"
原来小便还要分人的，不然尿不出来哦，贝儿真是太有趣了。

　　驴车在中途停了下来，小朋友要到玉米地里摘下玉米当做午饭的食
材。贝儿不由自主就被玉米吸引住了，虽然小馋猫嘴上说不想吃，可是
显然难挡诱惑。孩子们都钻进了玉米地，瞅准了大个的玉米棒使劲掰。执
拗的Feynman一直在跟同一个玉米顽强斗争，而Joe和杨阳洋已经有了收获。

　　收获了玉米之后，孩子们坐上驴车又重新出发，不知不觉，藏着宝藏
的山洞就近在眼前。

　　"好棒哦。""去找宝藏咯。"宝贝们都欢欣雀跃，只有念念不忘爸

爸的Grace还处在低气压中："呜呜，我的宝藏就是爸爸吗？"大姐姐多多给她打气："走到终点就能看到漂亮的爸爸了。"小丫头对多多姐姐深信不疑，赶紧出发。

在山洞的入口，宝贝们换上了节目组准备的小雨靴，背上小背篓，然后就向黑漆漆的山洞进发了。由于前天下过雨，山洞里淤积的泥水让道路泥泞难行。Grace对着又黑、又潮、又冷的环境很不适应，"呜呜"哭了起来，小伙伴们也开始有点害怕了。

"往前走，不怕的。"多多队长赶紧鼓励大家。Joe也变得勇敢起来，鼓气说："没有动物在里面。太黑了，我们需要手电筒。"

真是想什么有什么，没走多远，就在前面发现了一个发光的宝箱，宝箱里都是引路的明灯。收获了第一个宝藏，小伙伴们兴奋起来，拿着明亮的灯，有底气多了。六盏小灯，在黑黑的山洞中照亮一片小天地。

崎岖的路途继续向前，沉着冷静的多多队长给小伙伴们打气："大家跟着我走，一定不要掉队，要小心。不要怕，你们是最棒的，你们能做到。"八岁的小女孩俨然一个精神领袖。

小伙伴们很快又在前面发现了六把挖宝的铲子，弄得业务繁忙的Grace不知道是该拿灯，还是拿铲子。Feynman也心疼可爱的小妹妹，告诉她说："姐姐你是拿灯的，灯很厉害哦。"

再往前走一段，宝贝们发现了前面出口的光，可是眼看就要走出山洞，藏宝图上显示的其他宝藏在哪里呢？真是奇怪。聪明的多多很快就明白过来，告诉大家，前面一定要有另外的山洞。小伙伴们手牵着手，互相鼓励着。"前面还有一个山洞，大家要小心，因为那个山洞更黑。"Joe也慢慢有了一些小领导的风范。

短暂的光明后，六个小朋友再次踏入第二个山洞的黑暗中。"呜呜呜呜，啊啊啊啊，哇哇哇。"调皮的男生开始怪叫起来，吓得多多和贝儿大喊："不要叫了，这样会更可怕了。"

　　孩子们边玩闹边走，一会儿就找到了一处埋起来的宝藏。大家齐心协力把宝藏挖了出来，原来是鸡翅。接二连三，宝藏上方的荧光棒在远处的黑暗中闪闪发光，兴奋的宝贝又冲了过去。哐当，Feynman的鸡翅从背篓里掉了出来，他一声不吭，重新捡了起来。跌倒专业户Grace又不小心摔倒在地上，屁股粘上了很多泥水，坚强的Grace一声不哭，在多多"姐姐是世界上最棒的小女孩"的安抚下，很快就振作起来。

　　这一次，宝贝们收获的是土豆。"土豆交给多多，多多的袋子最大。""小领导"Joe开始分配负载。可是筋疲力尽的多多实在背不动了，她的背筐里背了太多东西，太沉了。"东西太多了，我走得像个老奶奶一样，我一步只能走这么点，谁筐里是空的，多拿一点吧。"多多大姐姐也不是万能的啊。

　　小绅士Joe赶紧上前帮忙："这个放在我背后。"杨阳洋也过来帮忙。相亲相爱的小伙伴，纷纷为小队长分担重荷。

　　贝儿突然说好怕，多多轻声安慰她："贝儿不怕，你勇敢。"Joe也担心自己的妹妹，就拜托杨阳洋："杨阳洋，你牵着姐姐吧。""我喜欢

哥哥，我要哥哥。"想念爸爸而不得的Grace已经转而黏哥哥了。Joe很无奈："我两手都拿着东西，怎么牵你？杨阳洋手上空空的。"姐姐没办法，紧紧握住了杨阳洋的手。

小小的队伍，哥哥姐姐照顾弟弟妹妹，弟弟妹妹也对哥哥姐姐十分信赖，一步一步走向神秘未知的山洞深处。

贝儿还是很怕，勇敢的Joe就牵着她的手往前走。不久又找到了一处宝藏。

山洞深处更加显得阴冷，荧荧的闪光也照得洞里更加诡异。"我好怕，我要回去。"没有Joe牵着，贝儿害怕得哭了起来，离开队伍往洞口走去。多多连忙喊住了她："贝儿你不要走，你做的是不对的选择。我们马上就到头了，你回来，我们快一点就能看到爸爸了。"小可怜贝儿内心挣扎了一阵，还是回归了队伍。

这一次，宝贝们收获到的是调料瓶组合。为了安慰贝儿，杨阳洋把荧光棒给了她，Joe也赶紧牵着她的手。小伙伴的温暖一下子让贝儿安定了下来。

　　接下来，宝贝们的寻宝之旅收获颇丰，有牛奶、烤串、烤馍。

　　多多的大背筐已经被塞得满满的，她实在背不动了，便提议："我帮你们其中一人背筐子，但是那个人要帮我一起抬这个大筐子。"Feynman立刻推举贝儿和杨阳洋。"不要选女生，选Feynman和杨阳洋。"小绅士Joe非常怜惜女孩子啊。"不，我不行。"Feynman连忙推脱，"选Joe和杨阳洋。"面对Feynman和Joe的互相推脱，杨阳洋一句话也没说，来到多多的跟前，双手抓住了筐子，说："那我一个人抬吧。"好有担当的小男子汉。

多多和杨阳洋抬着沉重的筐子往前走，举步维艰，一会儿就累得不行了，多多不得不再喊些人过来帮忙。走在前面的Feynman和Joe也返回加入了抬筐子的行列中，大家一起努力，沉甸甸的大筐子也没有那么重了。

　　队伍总算可以往前走了。最后一个宝藏是一个大西瓜，那么大个，看得宝贝们欲哭无泪，这真是个让人倍感负担的宝藏。怎么拿呢？

　　"把它滚出去。"善于解决问题的杨阳洋首先想出了办法。

　　多多和杨阳洋决定先把大筐子运出去，先一步出发了。Feynman则主要负责了滚西瓜的重任。道路泥泞，西瓜滚着滚着就沾满了厚厚的一圈泥土，滚起来越来越费力。贝儿想帮忙却完全弄不动，返回来的杨阳洋也无可奈何，Joe和Grace也帮着多多抬大筐子走远了，结果山洞里只剩下Feynman一个了。"这里还有一个西瓜。"Feynman呼唤着同伴们，可是距离太远，完全听不清同伴们的回应。

　　Feynman再一次展现出非同一般的毅力，他下定决心，擦掉西瓜上的一层泥土，再次把西瓜滚动起来。一步一步，沉静顽强、坚持不懈的小男孩终于走出了山洞。贝儿帮他再擦了一次泥土，将西瓜滚到了伙伴们中

间。大家一个不落下，圆满地完成了任务。

　　"Feynman好厉害。""贝儿好厉害。"回应的是Feynman和贝儿灿烂的笑脸。

　　宝贝们来到烧烤摊上，利用找到的食材，为爸爸烤制了丰富的午餐。

（幸福的老爸们，等着享受宝贝们的午餐吧。）

第二节
降魔记

　　在宝贝们去山洞寻宝的时候，老爸们来到了黄河石林的峡谷中。

　　老爸们一路寻找，奇怪，怎么不见村长呢？任务到底是啥啊？这时天空中传来了村长的声音："此山是我开，此树是我栽，要想从这过，留下买路财，各位老爸，看我帅不帅？我在这儿呢。"整蛊村长的淘气老爸们故意不理，低着头弯着腰，像找"小强"一样，满沙地里找村长。咦，村

长在哪儿呢？

"拜托各位看一眼，我坚持不住了，腿都软了。"搞怪的村长终于求饶了。爸爸们这时才抬头看向村长。村长身上系着威亚，"大侠来了！"从高高的岩石上一跃而下，先来个后空翻，然后摆了个酷炫的Pose完美降落。

老爸们今天的任务是拍电影。在这片鬼斧神工的黄河石林，已经拍摄了很多著名的影片，比如《神话》中成龙英雄救美的桥段，《天下粮仓》中万马奔腾的画面，还有《花木兰》中的很多情节，都是在这片神奇的地貌上拍摄完成的。而今天爸爸们要在这里一展身手。

爸爸们分成两组，要分别拍摄一个微电影。新锐导演陆毅带领黄磊、杨威是A组；而新锐导演吴镇宇带领曹格和一位身装古装的工作人员是B组。两组都配备了简单的摄影器材和摄像师，以及一些道具，而演员的服装却要通过两组队员抢衣服大赛来分配。

两组队员要通过拔河来抢衣服。一组的导演把绳子绑在自己的身上去拿衣服，而另一组的队员要尽力拉住他，不让他拿到。比赛限时两分钟，谁抢到的越多，谁得到的道具就越多。

　　道具基本配置齐全后，爸爸们就要开始创作剧本了，演员将由寻宝归来的宝贝和村里的村民担任。"大家一定要记住，票房可不能比《爸爸去哪儿》大电影差太多。"村长给了老爸们一个很高的目标。

　　A组的陆毅是第一次当导演，他根据抢到的三个五颜六色的假发套，定下了剧本的基调，要融入了很多新元素，幽默、搞笑、动漫、科幻、玄幻、惊险，还有各方面的后期特技。于是一个大胆创新的剧本《降魔记》逐渐出炉：

　　很久很久以前，在一个叫爱庄的村子里，出现了一只法力强大的六眼飞鱼，这个叫六眼飞鱼的妖怪，抢走了三件镇庄之宝。爱庄的村民们，因此日日夜夜生活在恐惧中，只有充满爱心的小朋友，找到勇气之剑，才能打败怪物，爱庄才能回归平静。

　　有一天，村里来了三个可爱的小朋友，他们分别是杨阳洋饰演的辟火神童、多多饰演的辟水神童和贝儿饰演的辟刺神童。他们能否完成拯救爱庄的使命呢？

　　三位小朋友遇到黄磊饰演的胡子长得分不清前后脑勺的白发老爷爷，

得知了爱庄的遭遇，决定帮助爱庄找回镇庄之宝。老爷爷告诉他们，只有穿越地狱之火、无底之河和荆棘之路，才能找到勇气之剑，打败六眼飞鱼，拿回宝物。

三位小朋友上路了。一位阿姨用代表"六"的手势给他们指出了去往地域之火的方向，原来这个"六"代表的是"六眼飞鱼"那个大妖怪。

三位小朋友继续前进。又一位阿姨告诉了他们去往无底之河的路，又

是那个"六"的手势。三位小朋友赶到无底之河，只见波涛汹涌，辟水神童凛然不惧，浑身散出强大的能量，带着另外两位小朋友顺利通过。

三位小朋友继续寻找荆棘之路，又一位阿姨告诉了他们，还是那个"六"的手势。面对无数长刺的荆棘路，"辟刺神童"使出她的金刚不坏神功，带着"辟火"和"辟水"两位神童顺利过关。

勇气之剑在哪里呢？只见杨威饰演的紫色长发大侠缓缓从天而降，与辟火神童亲切握手。突然紫发大侠一下子变成了一把锋利的神剑，原来他竟然

是神剑的化身。小朋友们带着勇气之剑直闯大妖怪六眼飞鱼的老巢。陆毅饰演的一头红发的大妖怪出现了，他的脸上画着花纹，看上去像有六只眼睛，看着好可怕。

"辟火神童"大喊道："我们不怕你。""辟水神童"也勇敢地叫阵："我们有勇气之剑，受死吧！"只见勇气之剑瞬间飞起，化身为紫发的剑神，跟六眼飞鱼在空中厮杀起来。这一战直打得天昏地暗，日月无光，最后勇气之剑战胜了六眼飞鱼。

三位小朋友找回了三件镇庄之宝，爱庄也获得了安宁。

这个故事告诉我们一个道理："爱真的需要勇气，来面对'六眼飞鱼'（流言蜚语）。"

剧本设计完成，陆导演就正式开拍了。可是时间已经到了正午，太阳就快把人烤焦了，陆导体恤剧组，决定先收工回家休息。

这时，宝贝们也做好午餐回家啦。黄磊、陆毅、杨威顺利吃到了宝贝们准备的食物，尽管陆毅吃玉米吃得快把牙崩坏了，但还是感觉到格外幸福。

清凉舒适的午休过后，多多、杨阳洋和贝儿去村里找到了三位阿姨做群众演员，陆导就正式开拍了。

三个小宝贝都换好了戏服，表演得开开心心的，表现良好。多多和贝儿两个姐姐，对弟弟杨阳洋格外疼爱，左亲一下，右亲一下，最后杨阳洋都挂在多多的脖子上不下来。惊得贝儿大喊："大家快看，杨阳洋是个袋鼠，挂在多多身上了。"

A组一路进展顺利，很快就拍完了。

节目组工作人员来采访演员杨威："你觉得这戏的导演怎么样？"

杨威很快进入角色："非常棒，我觉得他今年应该有实力进军好莱坞一流导演的行列，我为他加油。在这里，我代表我们所有的导粉，也就是导演的粉丝，向他表示隆重的祝贺，恭喜他获得了第83届奥斯卡金像奖的导演奖，谢谢。"

节目组工作人员继续问："说真话。"杨威无语，这个嘛，私下细聊。

第三节
笨蛋世界一日游

抢完衣服以后，B组也开始创作剧本，拍过多部电影的吴镇宇对此胸有成竹。

吴导先定下了主题是划拳，然后选定了马厩和铺开的马鞍作为背景，一个情节有趣的小故事慢慢铺展开来：

"你是笨蛋！""你是笨蛋！""你是笨蛋！"三个小朋友Feynman、Joe和Grace正在争吵，突然不知从哪儿蹦出来一个有着大胡子的神奇老头，这个曹格饰演的老头会很厉害的魔法："三二一，木头人。"一下子就把三个小朋友定住了。

老头神经叨叨的，还告诉了大家一个启示："现在的小朋友，都认为别

人是笨蛋，而自己不是笨蛋。让我带他们去笨蛋世界，教育他们。"说完他双手画圆，施展出超级魔法，时空穿梭，一下子把大家带到了笨蛋世界。

这是一个神奇的国度。只见荒僻的峡谷中，万马奔腾，尘土飞扬，一群人骑马飞奔而来。（真该给吴导点赞，一天时间拍出大片的开场风格）他们是来干啥呢？

在马队的后面，晃晃悠悠出现了一辆马车，牵马的是一个大胡子老头，后面车上坐着一位尊贵无比的公子Feynman。马车刚刚停下，这时，只听见三声呼啸，从山巅上飞下来一位"飞天童子"Joe。Joe来到了Feynman的车上，好奇地问："Feynman，我们穿越时空，到了哪里呀？"Feynman也不知道。

大胡子老头跳上一块高高的大岩石，高声招呼来到的人群："欢迎来到笨蛋世界，参加一年一度的笨蛋拳大赛。你们如果想要离开这里，唯一的方法，就是打败我们的笨蛋公主。挑战正式开始。"

在笨蛋拳大赛的擂台上，村民扮演前来挑战的选手络绎不绝。"笨蛋，笨蛋，谁笨蛋，你笨蛋。"结果没有一个是对手，纷纷败下阵来。得意洋洋："谁都别想离开笨蛋世界，我才是真正的笨蛋大王。"

两位笨蛋拳高手Feynman和Joe姗姗来迟，马上与"笨蛋王"进行了激烈的比拼，终于打败了他。"走开啦，笨蛋。"就在"笨蛋王"倒下的刹那，笨蛋公主Grace闪亮登场了。她飞到空中，张开双臂，说："我才是笨蛋公主。"可是这表情，咋哭了呢？

Feynman和Joe一下子被震撼了。在接下来与笨蛋公主的比试中，他们惨然败北，仓皇而逃。没想到只是虚惊一场，他们已经逃离了笨蛋世界，耳边还犹然飘荡着笨蛋公主的话语："说别人是笨蛋的，才是真的大笨蛋。"

Feynman和Joe幡然醒悟，又委屈，又难过。Feynman感触良深地说："对不起，Joe，我再也不叫你笨蛋了。"被当做大笨蛋的滋味，只有经历过才知道其中的辛酸。

　　这个故事告诉我们两个道理，第一，我们不应该叫别人笨蛋，伤害别人就是伤害自己。第二，当别人说自己是笨蛋，只要心胸宽阔，那么就已经赢了。小朋友们再也不要叫别人"笨蛋"了哦。

　　剧本确定，吴导就开始废寝忘食地拍摄了。第一场戏是马队出峡谷，吴导不顾烈日炎炎，顶着四十度的高温，赤膊上阵了。所有人都想去找阴凉的地方，吴导依然兢兢业业，就像一个指挥战斗的将军，不愧是影帝啊。

　　"马队，来，准备开机。" "再来一遍，就是刚才那样，谢谢。" "就是偏离一点，长焦一点，" "后面哪些人是干吗？"吴导精益求精，连摄像都亲自把关，忙前忙后，对每个镜头都严格要求。

　　当Feynman、Joe和Grace完成找宝藏任务来到拍摄现场，立刻就被吴大导演抓来当壮丁。又是硬性命令，又是软语哄求，总算完成了第一场戏的拍摄，这时吴大导演才大喊一声："拍摄完美，啊，晒死我了。"不过，

Feynman和Joe却被他弄得紧张兮兮，都快哭了。

到了Grace穿威亚装备拍飞到空中的戏了。吴导给小丫头讲了好长时间的戏，告诉她要说"我才是笨蛋公主"这句台词。可是Grace坚决不愿意说，我才不愿意当笨蛋呢，这个戏路不适合我。直到曹爸说"这是爸爸的任务，爸爸需要你"，她才哼哼唧唧不情不愿地答应了，导致最后都是哭着说的，真是受了好大的委屈啊。

拍到Feynman、Joe与笨蛋公主决战的时候，Joe也出了状况了。他记不住台词，挫败感让他在暗暗自责中抹起眼泪。吴导把Joe抱到一边，耐心安抚才让他调整好情绪。

吴导严肃认真的态度，让孩子们备感压力。让Joe一下子没适应过来。在拍最后一场戏的时候，Feynman也被弄哭了，看来吴导也应该琢磨一下更好的沟通方式了。

虽然出了不少状况，不过最后电影还是顺利收官，也让孩子们在成长道路上多了一些难得的经历。

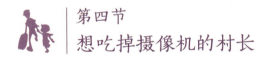

第四节
想吃掉摄像机的村长

忙活一整天，终于到了晚餐时间，爸爸和孩子们都狼吞虎咽起来。村长表扬了赤膊上阵兢兢业业的吴大导演，也表扬了山洞中表现最棒的Feynman。

吃完饭，宝贝们跟遥远的妈妈进行了手机视频，就在深深的疲惫中进入了梦乡。

新的一天来临，爸爸和孩子们都元气满满，前往目的地集合。他们今

天要进行一场别开生面的蒙眼吃西瓜大赛。爸爸要蒙着眼睛吃到三口吊着的西瓜，而由宝贝指示爸爸前进的方向。

第一组黄磊对曹格，由Joe和多多来指挥。结果在多多的指挥下，黄磊轻而易举就吃到了西瓜，谈起获胜感言，多爸说："西瓜不够冰，下次准备冰一点的给我们。"

第二组由吴镇宇对杨威，Feynman和杨阳洋为爸爸指挥。比赛一开始，就一发不可收拾，疯狂的吴影帝瓜瘾大发，一口接一口，将清凉可口的西瓜吃得干净，完胜。

第三组是陆毅对村长，多多自告奋勇为村长指挥，而贝儿来指挥爸爸陆毅。在毫无干扰的情况下，陆毅轻松获胜。可是村长就惨了，老爸们和孩子们蜂拥而上，先是一阵胡乱指挥，把村长累得团团转，差点摔地上，然后拿着西瓜，循循善诱，直到村长一口咬在了摄像机上。

"哈哈哈。"一直想整蛊村长，这次总算如愿了，爸爸和孩子们一阵大爆笑，笑得直不起腰。只有Grace一脸崇拜："哇，村长好酷。"黑线！

吃西瓜比赛，在一片欢声笑语中结束了。

爸爸和孩子们准备结束旅行回家了。可是，多多一想到下一站要去台湾，而乖乖却因为手续问题去不了，以后可能再也见不到乖乖了，忍不住

伤心起来。心疼女儿的多爸退了一步，告诉女儿如果妈妈同意，就把乖乖带回北京，如果不行，只能跟乖乖再见了。

多多满怀希望地给妈妈打了电话。听到女儿可怜的声音，心软的妈妈也同意了她，不过给她提了几个要求：第一，控制脾气，不能因为乖乖生气；第二，好好学习，不能影响功课；第三，承担责任，要经常去遛它。多多很认真地答应了妈妈，终于喜极而泣，这一次真的不用跟乖乖分开了。

打包美好的记忆，爸爸和孩子们的第六次旅行就这样结束了，下一站旅行将会在台湾开启。

第七章

悬崖"跳水"记

　　宝贝，是你在激发出我最好的一面，勇敢又温柔，内心更强大，只希望我们一起变得更好。

第一节
勇气当棉被，就不怕啦

　　爸爸和孩子们的第七次旅行来到了宝岛台湾，在去往花莲的路上，贝儿如同唐僧附体，陆爸爸念起静心咒才能保持冷静。"宝贝，想知道答案吗？回去给你看一盘碟你就知道了，名字叫做《大话西游》。"

　　美丽的宝岛台湾，既浓缩了高度发达的城市文明，又遍布美不胜收的自然风光。而台湾东部的花莲县，依山靠海，充满着原始风情，是台湾原住民最多的区域。在这里老爸和萌娃们，将进行一项惊险刺激的任务——溯溪。

　　圆滑光亮的溪石，清澈见底的溪水，哇，真是酷到爆，孩子们都十分兴奋。咦，村长在哪儿呢？

　　"啊哈咦呦哎，朋友们，大家好啊。"说曹操曹操就到，村长突然以"出水芙蓉般"的风姿从溪水边的岩石后钻了出来。原来他一直躺在岩石的后面躲着，等待着大家。

　　"我们现在是在景美村的三栈部落，大家看到这边有一个特别漂亮的山间小溪，在这里，我们将会完成第一个任务，就是溯溪。"村长为大家发布了溯溪的任务。

　　所谓溯溪，是由峡谷溪流的下游向上游，克服地形上的各处障碍，

向上攀登的一项探险活动，考验参与者登山、攀岩、游泳等综合能力，需要同伴之间的密切配合，利用团队精神去完成。爸爸和孩子们要学习的，是溯溪技术的其中一项——横渡。因为昨天下雨，溪水涨得很快，如此湍急的水流，第一次尝试的他们，能顺利完成横渡的任务吗？

老爸和萌娃们各自换好溯溪服装，一水的统一的制式装备，看上去就像特种战士小分队，威风凛凛。热身过后，大家集体挑战接龙横渡小溪。

"一二三，躺下来，脚夹起来，夹到前面人的腰，预备，出发。"专业的工作人员给大家指导。老爸和萌娃们齐刷刷卧倒在水中，两手扑腾，横渡溪流开始。

"一二一，一二一，一二一。"队伍在湍急的溪水中艰难前行。手忙脚乱中，一阵奔腾的急流汹涌而来。水流的巨力瞬间把队伍冲偏，老爸和萌娃们在混乱中奋力挣扎，将腿紧紧夹住。运气也好到了极点，大家居然被浪直接冲到了终点。成功了！

　　溯溪横渡之后，老爸们又迎来了一项更有难度的挑战，悬崖跳水，给宝贝们展示什么叫做真正的勇气。

　　看着三米高的悬崖，老爸们完全傻眼，真是看着就怕怕啊。曹格和吴镇宇站在崖边，掂量了一下，又赶紧退了回来，太吓人了！老爸们，你们是打算轮番亮个相吗？对面的宝贝们都疑惑了。

　　爸爸们都在酝酿着勇气，勇气值慢慢上升，曹格终于又站上了悬崖。鼓起勇气，第一个跳下，落水成功。虽然姿势不过关，但给大家开了好头。紧接着陆毅也迅速跳下，可怜的陆毅是斜拍着水面落水的，尽管海绵防护衣分解了重量，也疼得他手发颤，脑袋也晕晕乎乎的。

　　轮到世界体操冠军杨威了，他果然不负众望，一个漂亮的360度空中转体，完美落水，都能赶上跳水运动员了。"村长，我爸爸跳得最好。"杨阳洋骄傲地向全世界宣布这个好消息。在宝贝们的加油声中，吴镇宇和黄磊紧接杨威之后，也顺利地完成了任务。

　　可是，刚刚放松下来的老爸们马上迎来了最后一关，升级到7米的悬崖跳水挑战。刚才宣布完任务，人群中就传来了老爸们撕心裂肺的嚎叫："我不想跳。""我也不想跳。"

　　多爸黄磊自告奋勇，迅速爬上悬崖担任了首跳，一个朝下自由落体，轻松完成。吴镇宇也紧随其后，顺利地垂直落水。有过三米跳的经验后，老爸们没有那么紧张了。

　　只剩下曹格、杨威、陆毅了，可是三位老爸却蜷缩在悬崖上，哆哆

嗦嗦，不敢跳了。这是怎么回事？

　　原来杨冠军还在思考要翻什么动作呢。思考完毕后，杨冠军远远地跟儿子打招呼，然后一个180度的前翻，一跃而下，可惜水花有点大。

　　轮到曹格上场了。曹爸紧张，纠结，尝试了好几次跳下，可是最后时刻还是退缩回来。曹格两条腿都软了，手也发麻，他控制不住地往后退。陆毅在后面说："别跳啊，一起回去吧，你跳我也得跳了。"可是其他爸爸们又鼓励他："跳啊，一闭眼就下来了，没事。"

　　曹格很挣扎，很犹豫，可是越犹豫越害怕。在宝贝们的鼓励声中，终于曹爸鼓起了勇气，怒吼一声："身体健康，快快长大。"奋力一跃，跳下崖来，对宝贝满满的父爱让他有了拼死一搏的决心。虽然脸拍在了水里，让他脸发麻，脑袋发晕，但是曹爸还是无法抑制超越自我的激动心情。

　　没办法，无路可退，陆毅也很优雅地完成了最后的刺激一跃。

从爸爸们无畏的勇气里，宝贝们也学到了很多。

第二节
用"羊角风"吃饼干

溯溪结束后，爸爸和孩子们抵达了复兴村，到了解决旅行住宿的时候了。

穿着阿美族部落头目盛装的酋长对大家致以最热烈的欢迎。在酋长的带领下，爸爸们骑着摩托车载着宝贝们参观了即将入住的五个房子。

1号房是保有传统特色，带着浓厚客家风味的地道民居。热情的主人由于不在特地留下便条：客自远方来，未能热情款待，请多见谅！屋子里面非常舒适整洁，还有以往旅行中难得一见的电视，这真是让大家太惊喜了。热情的主人还在冰箱里为爸爸和孩子们准备了啤酒和各种好吃的东西，所有老爸们都感动了。在厅里的备有的签名墙上，老爸和萌娃们都签上了自己的名字。

骑着电动车一路畅行，大家继续来到2号房。有着独特风情的2号房是原住民的居所，门前的草坪让吴镇宇非常满意，还有别具一格、宽敞明亮的大卧室里那满屋的藤条也让大家新奇不已。"就是这里。"Feynman也一眼相中，父子同心，不约而同看中2号房。

短暂停留后，大部队继续驶向3号房。3号房里有着豪华的卧室，席梦思的床垫相比于

以前的破木板，实在是高档次的享受。房子的主人是两位和蔼的闽南奶奶，平易近人，多多很喜欢。

　　在奶奶的目送下，大家又风风火火来到4号房。让大家完全惊艳的4号房，不但有狗，还有难得的空调。在炎炎夏日，空调瞬间就俘虏了杨威的心，为了空调，就是每天遛狗也认了啊。

　　5号房是配套齐全，像家一样的豪华房车，完全让大家震惊了。"不可能，不可能，假的。"吴镇宇不能相信眼前的事实，一直住山洞、破屋、蒙古包的他目瞪口呆。瞬间，爸爸和孩子们都把最热烈的爱转移到了5号房车上。"为了贝儿，我拼了。"陆爸爸已经撂下了狠话。

　　可是怎么样才能得到自己心仪的房子呢？村长为大家说明了比赛规则：把一块饼干顶在头上，用眉头、眼睛还有脸上肌肉的力量，把饼干运到嘴里吃掉，就算完成。如果用手帮忙或者是掉到地上，则需从头再来。哪位老爸最早把饼干吃到嘴里，他就可以先挑选房子。

　　一时间，爸爸和孩子们都跃跃欲试，抽搐，抖动，收缩，曲张，所有人都像得了羊角风，口眼歪斜。Feynman一口气把饼干吸在鼻子下方。"作弊，你放在鼻孔啦。"没想到被敏锐的酋长发现，果然不愧是做老大的啊。大姐姐多多却侥幸地成功了，这可急坏了杨阳洋。"我也差一点呢。"杨阳洋努力跟饼干僵持着，可惜还是够不着。别费力了，喂你吃，Feynman一把把饼干拿下来，塞进了杨阳洋的嘴里。

　　终于，正式的比赛开始了，老爸们都聚精会神。多爸黄磊很有耐心，谨小慎微地移动着饼干，终于成功地吃到了嘴里，获得第一名。杨威在掉过两次之后，也顺利舔到了饼干，获得第二名。陆毅拿到第三名，吴镇宇第四名，曹格第五名。

　　选房比赛结束，陆毅选择了干净整洁的1号房，吴镇宇选择了有藤条卧室的2号房，曹格住进了小巧雅致的3号房，杨威幸福地拥有了有空调的4号房，而黄磊则很得瑟地住进了温馨舒适的5号房。

第三节
爸爸一直就在你身后

接下来，各位老爸们就可以回家整理房子，而小朋友们还要按照卡片，分组到村子里面找食材。在村长的分配下，Feynman和Crace一组，贝儿和Joe一组，而多多和杨洋阳一组。

"好耶。"Feynman听到分组，一下子欢呼起来，看来一直不喜欢女生的Feynman也成了"姐姐"的粉丝啦。杨阳洋也是一脸乐滋滋的表情，终于又可以和喜欢的多多姐姐一起完成任务了。兴致高涨的宝贝们纷纷领取小背篓准备出发了。

"我不想离开爸爸。"老幺Crace出发前和爸爸难舍难分，无限伤感。可是坚定的曹爸决定换一种教育方式，"我要你离开，我要你去完成你的任务。"

不要哭，没有人愿意离开爸爸，Crace，这只是一个游戏而已，你去完成任务就回家了，爸爸就在家里等你。"曹爸耐心地劝慰小丫头，可是效果不大。Feynman也学会了逗妹妹开心，建议骑车载Grace去兜风。看来这个帅哥哥好像还不错。

最喜欢多多的Joe希望继续跟多多同组，凑到多多的耳边，小声地说："跟你说一个秘密，我们可以一起去，因为我们有一样的卡片。"

"不行，所有人的卡片都是一样的，你得跟贝儿一起去，我跟杨阳洋一组，因为要找多一点。"老搭档多多拒绝了他。

Joe带着深深的遗憾和淡淡的不舍，看着他们出发。"我们偷偷地跟着多多，不要说话。"Joe牵着贝儿的手，蹑手蹑脚地跟在了多多的后

面。可是没走几步，摄影姐姐就打碎了他的美梦："你们是两个组，不能在一起。"他们只好另寻方向去完成自己的任务。

多多和杨阳洋手牵手，有说有笑地来到一栋民宅前。爽快的村民奶奶送给了他们两个菠萝。菠萝在台湾叫做凤梨，是景美村的特产。没走多久，又遇到一位老奶奶，多多礼貌地上前求取螃蟹，可是听错了的老奶奶又给了他们两个凤梨，真是盛情难却。两个宝贝看着又重又满的背筐，有点发愁了。

不知不觉，两人走到了4号房前，能不能从4号房找些食材呢。

杨威爸爸正在门前散步，扫了一眼卡片上的食材，冷淡地说："我们家没有。"为了增加任务难度，锻炼孩子，杨威黯出去了。失望的多多做出评价："杨洋阳，4号房，你爸爸那家是最不热情的。"

另一组的Joe和贝儿也找到了一户人家。贝儿准备上前询问，可是突然看到居民家的大黑狗，害怕了。"是乖乖吗？"勇敢的贝儿马上自我安慰，不再害怕，像乖乖一样的狗都很友好哦。"叔叔请问有没有这种菜？"贝儿大胆上前。

热情的主人大方赠送了四个凤梨，又递上一个桶，里面装了螃蟹。可运气好的两个宝贝却一下犯了难，怎么把螃蟹从桶里拿出来呢？好难哦。

"我们一起拿吧，你拿那边的，我拿这边。"贝儿建议两人一人拿一只。Joe还是感觉害怕："你看，螃蟹还在动呢。"贝儿勇士决定自己先来，她也很害怕，十分谨慎地伸手到桶里，抓住了捆绑螃蟹的绳子往上拉，Joe帮忙托着贝儿的手，终于抓到一只。

该抓第二只了，害怕的Joe希望贝儿帮忙把绳子拉上来。可是贝儿说："每人抓一个。"Joe畏畏缩缩，犹豫不定："那水好像很脏。"又找了一个小借口。没办法，贝儿只好又小心翼翼地拉上来一只，总算搞定了。

Joe和贝儿又踏上了寻食材之旅，路过一家小卖部的时候，豪爽的老板又给了他们满满一大筐食材。贝儿觉得比Joe大，所以决定拿比Joe更多更重的东西。

另一边的Grace迟迟无法控制情绪，曹格只好跟着女儿身后，一起去找食材。"跟我走。"Feynman拿着大喇叭，当起了小队长兼导游。一路之上，Grace总想牵爸爸的手，可是曹格为了培养女儿的独立能力，就不让她牵，父女俩你追我赶。

路上找到一家民居，房东阿姨爽快地给了他们一些食材，可是竟然没有分清楚Feynman是男是女，急得Feynman直说："我可是纯正的弟弟，不是妹妹。"两个宝贝向房东阿姨道了谢，又去往下一站。

夜幕降临了，路灯拉长了孩子们的影子。Feynman和Grace艰难地来到了一户老奶奶的家。慈祥和蔼的房东奶奶，热情地领着宝贝们进屋取食材。屋外的曹格在默默守望，"姐姐"加油吧。他决定暂时藏起来观察女儿，如果她没哭就不用再出现了。

一会儿，两个宝贝带着满满的食材走了出来。刚走到马路上，想起爸爸的Grace就爆发了，哭喊着要爸爸。大老远听到女儿的哭声，曹格决定出现了，他要让女儿知道他在看着她，如果失信了对女儿的承诺，他担心女儿以后就不相信他了。

"爸爸一直在看着你的，你往前，爸爸在后面看。"曹格安慰着女儿。

"可是我不希望你躲起来。"小丫头哭得很伤心。

曹格鼓励她说："我不躲起来，我在后面，你往前走，爸爸在远远看着你。"

　　小可怜听见爸爸的承诺，终于定下心来，独自前行，一步三回头。有了爸爸的守望，Grace的脚步变得坚定起来。

　　夜色渐浓，多多和杨阳洋的食材也找得差不多了，踏上了返程的路。为了减轻多多姐姐的负担，小绅士主动帮姐姐拿了很多东西。两个人互相关照，越来越有默契了。带着丰富的食材，他们回到了5号房。杨威爸爸和多爸早就约定，两家在这边一起吃晚饭了。

　　回家途中，走在夜色中的贝儿也开始思念爸爸了。或许是父女之间心有灵犀，陆毅刚好骑车路过遇见了女儿。得知曹格还在外面陪Grace，陆爸爸决定带着女儿和Joe一起到三号房等曹格回家。

　　此时的Feynman和Grace刚刚找到他们想要的排骨，终于完成任务了。Feynman告别了曹格父女独自回到了2号房，一直在门外等候的吴镇宇赶紧为儿子卸下了重负。"来，爸爸给你吃这个。"心疼的话语中满满的都是父爱。

　　来到3号房的陆毅、贝儿和Joe，在屋外一同等候曹格。内心牵挂着爸爸的Joe坐在停稳的电动车上，默不作声。贝儿决定吓唬吓唬他，蹑手蹑脚地转到他的背后，突然跳出来："哇哈哈！"可是低着头的Joe泪光闪闪，一点也没反应。

　　贝儿把纸巾递给Joe，让他擦擦眼泪。可是Joe擦了两把，忽然大口大口吃起纸巾来，对爸爸的思念已经无法抑制，让他有些错乱了。"Joe，你吃什么？不能吃纸。"陆毅阻止了他。

　　"Joe，你很可爱，你想爸爸后更可爱。"善解人意的贝儿痴痴地看

着Joe，都让他害羞了。

此时，曹格和Crace终于回到了家。目送着贝儿和陆爸爸离开，Joe急着就想跟爸爸展示自己拿到的食材。

第四节
爸爸是大蜗牛，我是小蜗牛

宝贝们找到食材都回到了爸爸身边，老爸们用这些食材为他们准备了美味的晚餐。曹格家的菜谱是肉炒饭。

"爸爸，帮我穿鞋子。"在曹格做饭的时候，Grace准备出来帮忙。见爸爸忙着没空，Joe立马跑过来照顾妹妹："你要把这个解开，然后把脚伸进去，然后再扣上。"Joe很细心地帮妹妹穿好了鞋子，果然不愧是当哥哥的。Grace甜甜地说："谢谢。"相亲相爱的兄妹俩在门口腻歪起来。

曹格把饭和肉放在锅里焖好，便带着两个宝贝在门前等待它熟了。门前的屋檐下今天来了三个"贵客"——三只蜗牛，一大二小。曹爸爸决定借蜗牛之名，跟孩子们总结今天的经历，希望孩子们能学到一些道理。

"这个是？"曹格指着大蜗牛。

"是爸爸。"Grace很有想象力。

"那这个是？"曹格又指着小蜗牛。

"是小孩。"Grace说。

"这两个小蜗牛是你们两个吗？我先说哥哥，Joe，你今天不开心，是因为爸爸输了没有抢到5号房，是不是？"看着Joe点了点头，曹格继续说，"其实，它也常常输的。"他指着大蜗牛。

"为什么？"Joe问道。

"每个人前行路上会遇到很多对手，像那个飞蛾会飞，还有很多其它动物都比大蜗牛跑得快。但是只要大蜗牛认定方向，它每次要去的地方，最后还是会到达。所以，要无畏对手，记住心中的方向就够了。"曹格的话让Joe仿佛明白了很多。

"那小蜗牛呢？"Joe继续问。

"大蜗牛不在的时候，白色的这只小蜗牛很厉害，它会自己去找东西吃。大蜗牛在的时候，它就和另一只小蜗牛一起黏着大蜗牛。大蜗牛会给他们任务，你猜哪一只小蜗牛会把任务都完成？"曹格继续说。

"两个都会。"Joe说。

"没有，白色这只会。"曹格背着Grace指了指Joe，Joe会心地笑了。"白色这个会把任务完成，它喜欢比赛，喜欢赢，而且它同时也会帮助别人。"

"那就是我啊。"Joe很认真地听爸爸说的话，有些害羞了。

"我想要白色的是我。"Grace吃醋了。

"那你就要像白色小蜗牛表现那么好。"听着爸爸的话，Grace也像是明白了什么。

夜渐渐深了。吃完晚饭的曹格一家也准备休息了。

"爸爸，我要喝奶。"Grace突然说。

"明天。你的牛奶刚刚没有喝完，你说你饱了，现在你又要喝。"曹格怕惯坏了女儿。可是Grace任性起来，开始哭闹："不要，我就要喝。"

"那我出去，你想怎样就怎样。"对于Grace不受控的小性子，这次曹爸爸决定严肃对待，"我也有我的事要做，我不会再陪你了，你躺好，我想要静一下。"曹格毅然转身离开。

Grace瞬间崩溃，嚎啕大哭起来，连一旁的Joe都惊慌失措。

听着暗夜里远远传来的宝贝的哭声，曹格感觉心里非常乱，艰于呼吸。他想做一个完美的爸爸，可是现在他觉得自己表现很差，他感觉有些不知所措，不知道怎样当一个好爸爸。以前，他一直是一个心肠特别软的爸爸，只要Grace和Joe哭，他就会第一时间去抱他们，安慰他们。可是随着一站又一站的旅行，他感觉到这样是不够的，想要做些调整。对待Joe和Grace，他一方面要给他们很多的爱，但是另一方面，也要坚决地告诉他们什么是对的，什么是错的。

调整好心情，曹格重返房间。

"听话了没？你听话了我就回来。安静，安静！"曹爸爸的语气有些严厉。小小的惩罚后再次见到爸爸的Grace也停止了哭泣。

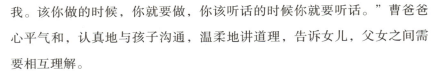

"爸爸为什么出去？"因为我讲什么你都不听，那我都不讲了，我走了，你要听我就回来。爸爸可以教你，可是如果你不想学的话，爸爸就不教了。你是我的老师，我也是你的老师，你也要尊重我，不是只有我让你，你也要让我。该你做的时候，你就要做，你该听话的时候你就要听话。"曹爸爸心平气和，认真地与孩子沟通，温柔地讲道理，告诉女儿，父女之间需要相互理解。

　　"可是我叫你很多次，然后你都不要我。"Grace很认真地听了爸爸的话。

　　"我错我会跟你道歉，你错你都不跟我道歉，你觉得这样对吗？这不公平。"曹爸爸继续说。

　　"我有很多错，可是哥哥都不原谅我。"Grace对哥哥不原谅她还有着小小的阴影。

　　"那个是哥哥的问题，他要不要原谅你，是要你跟他处理的，不是爸爸。可是爸爸跟你说什么是错的，你一定要尽力改，你全部不听，是不是有错？我刚刚跟你说不让你喝奶，是因为你喝得太多了。你一直要喝，爸爸就走了。你知道为什么你哭吗？第一个是因为你爱爸爸，我知道，爸爸也爱你，所以如果我也爱你，我也爱哥哥，哥哥也爱你，你也爱哥哥，那为什么我们不能够好好的？"曹格想把道理给女儿说得很细很明白。

Grace听懂了爸爸的话，很听话地躺在了床上。（宝贝，但愿你能理解爸爸的良苦用心。）

第五节
槟榔就是很冰的狼

第二天，清新的早晨来临，爸爸和孩子们纷纷起床，今天将有新的任务等待着他们。元气满满的吴镇宇父子一大早就学贝儿开嗓了。

"快点起床，贝儿来了啊。"吴镇宇淘气地学起了贝儿说话，"Feynman，Feynman，哦Feynman，起床，为什么不起床？哦Feynman，因为你老是不起床，所以你比我矮，唉不是，因为你蹲着，所以比我短些，Feynman，哦Feynman，这个屋子你的吗？为什么那么多藤条？"不胜其烦的Feynman终于被"烦"起了床，拉着赶往集合地。我的天啊，这种日子何时到头啊，Feynman小小的心灵满是"创伤"。

此时，在集合地旁的槟榔林里，一位蒙着脸，打扮得严严实实的神秘嘉宾正在等待着爸爸和孩子们。

台湾的上午，烈日炎炎，可怜的神秘嘉宾燥热难当，可是还得苦苦忍耐，不敢脱掉伪装，而爸爸和孩子们正优哉游哉，带着郊游一般的好心情慢慢向集合地走来。

"花莲主要的特产是槟榔和凤梨，我们接下来的任务将与这有关。我们有请到了一位老乡来帮我们示范一下，看看怎么采槟榔，好不好？"等到大家到齐之后，村长宣布了任务。

神秘打扮的"老乡"上场了，他打起精神，将长长的竿子伸向槟榔树，给爸爸们展示采槟榔技巧。可是很快黄磊就看出了破绽："怎么笨手笨脚？你第几次割槟榔？别割到自己的手啦。""老乡"马马虎虎地展示完后，向大家走来。还没走到跟前，爸爸们就从他的眉毛，认出了他的身份，原来是《爸爸去哪儿》第一季的Kimi爸爸林志颖。

林志颖向还在迷糊的宝贝们掀开了面罩，一下子把宝贝们惊呆了。可是Kimi在哪儿呢？孩子们马上四处搜索，眼尖的贝儿发现了躲在远远的车后的Kimi，孩子们马上一溜烟跑了过去，迎接新到的小嘉宾Kimi。你跑

我追，初次见面的宝贝们立马打成一片。

Kimi很明显地长大了，跟《爸爸去哪儿》第一季的时候相比，个儿高了，也变得开朗勇敢了。他不再黏着爸爸，而是跟小伙伴们玩得很疯。相信接下来的任务，他会完成得很好。

任务分成三组进行，第一组林志颖、黄磊、曹格和Grace，负责去采槟榔；第二组杨威父子、吴镇宇父子和陆毅父女负责采凤梨；第三组多多、Joe和Kimi去做刨冰。今天大家的收获将拿到市场卖掉，换取吃午饭的钱。

"做刨冰好啊，可以一边做一边吃，凉快。"黄磊听到这么清凉的任务，心动不已。一旁的陆毅也很眼馋，马上建议："这种重活应该让大人干吧。"

接到任务后，爸爸和孩子们纷纷赶往任务地点。槟榔组就不用那么麻烦，可以就地开工了。

"姐姐，知道什么是槟榔吗？"曹格问女儿。

"就是很冰的狼。"Grace认真地回答，"会嗷呜嗷呜嗷呜叫。"

女儿真可爱啊，曹格就快笑喷了，说："很冰的，那一定是哆嗦地叫。"说完学起了哆哆嗦嗦的狼叫。真是幸福的父女俩。

槟榔组的任务完成得非常不顺，摘了好长时间，摘到的都是大个的槟榔，小个的一个都没看到，而大个的槟榔是不能食用的。爸爸们向村民打听才知道，原来已经错过了摘槟榔的季节，树上已经没有小槟榔了。该怎么办呢？

"我们割大的，代表我们已经采到槟榔了，对不对？"林志颖想了一个主意，爸爸们也只有赞同了。

此时，另一边的凤梨组也在认真工作，爸爸和孩子们正搜索着代表成熟的黄色凤梨。在陆毅传授了摘凤梨技巧后，三个小宝贝结伴同行去采凤梨。

贝儿就像个大姐姐，不断地提醒着两位小弟弟，又进入了"唐僧念经"模式："杨阳洋，不用拿铲子了。我们走中间，中间没有刺。Feynman小心，你的脚会扎到，杨阳洋小心会扎到。我看到一个熟的，哦，那个，烂掉了，Feynman过来，我看到一个是熟的，真的是熟的，真的是熟的，真的是熟的，真的。"

碎碎念的贝儿突然发现身边的杨阳洋不见了，心急如焚，连忙回头去找，原来杨阳洋已经跑到前面去了。

　　凤梨组的任务完成得非常出色，高高的一小堆，简直就是大丰收。大家吃着刚刚摘下的凤梨，真甜，满足啊。

　　另一边，幸运地拿到清爽刨冰任务的三个小朋友，正在投入地用榔头碎冰。一个个都是豪情万丈，我跟你拼了的架势，可是榔头敲下，大冰块只碎了很小的一些冰渣，看来要完成做刨冰的任务，悬了。幸好酋长上来帮忙，他将大冰块放到碎冰机下，很快，清凉的碎冰就出来了。

　　孩子们品尝了一口碎冰，爽心爽口，太舒服了。Kimi当即表示："我不要卖掉，我要自己吃。"

　　宝贝们用现成的碎冰，按照自己的创意，添加橙汁、葡萄汁、红豆等，做成了属于自己的刨冰。

　　爸爸和宝贝们完成任务都到刨冰房来集合了，他们能不能卖到钱买午饭呢?

第八章

宝贝创业记

看你面对挑战，我心里一样忐忑，但我相信你能做好，走出那一步，你就越来越自信。

第一节
宝贝是生意好手

老爸们完成采摘任务后，到刨冰房来集合了。槟榔组的爸爸们把摘下的槟榔用剪刀剪下来，拿塑料袋包装好，并签上名字，算是可以卖的了。不过不能吃的槟榔，会有人买吗？为了保险起见，黄磊还向酋长要来了菠萝汁，好喝的菠萝汁总会有人买吧。其他的爸爸们也纷纷效仿。

村长又制定了新的任务规则，老爸和宝贝们必须分开完成任务，他还吓唬大家说，如果卖不出钱，午饭就没人管，只能饿肚子了。

"Kimi，要把冰淇淋卖掉，可不可以做到？"林爸爸问儿子。

变得勇敢的Kimi斗志昂扬，高声回答："可以。"真

棒，加油啊，父子俩互相打气。

当孩子们都兴致勃勃准备出发时，一旁的贝儿，似乎顾虑重重。

"你是难受吗？还是怎么了？"陆毅也注意到了女儿的状态。

"我不熟悉这个任务，我紧张卖东西。"眼泪汪汪的贝儿担心自己不能完成任务。

陆毅连忙转换女儿的思想："不是让你卖东西，是让你把东西给大家分享。"听着爸爸的话，小小的贝儿也慢慢蓄积了勇气，准备出发。她把嘴凑到爸爸的耳朵边悄悄地说："我会想你的。"即使不安，她还是决定向集市出发了。

"卖冰的跟着我。"再次回到节目的Kimi一路欢快地哼着小曲儿。卖冰小分队各自拉着小拖车率先出发啦。

前面的马路要换道，道中间有隆起的台阶，小拖车过不去。Kimi大声说："没关系，我不需要帮忙。"开始使劲拉，可是怎么也拉不过去。

"我弄不动啦。"Kimi没辙了。热心的Joe连忙过去帮他抬起了拖车的后面，两人一起努力，顺利通过。帮完Kimi后，Joe又过来帮拉不动拖车的多多姐姐，真是可靠的暖男。

另一边的凤梨小分队也开始行动啦。爸爸和宝贝们要分开卖东西，凤梨小分队又要分成凤梨爸爸队和凤梨萌娃队。老爸们不放心孩子，帮他们安排好小拖车和各种工具，还好凤梨不多，三个宝贝用一个小拖车就够。两个"小徒弟"杨阳洋和Feynman把他们的"唐僧师傅"放在拖车上出发了。

"谁要买凤梨？"杨阳洋开始叫卖。

"谁要买凤梨？谁要买菠萝？你也喊呀。"贝儿叫卖中，还不忘提醒害羞的Feynman。可是从卖杨梅到卖凤梨始终羞涩的小商贩还是开不了口。

一路叫卖，两位徒弟把师傅终于拉到了市场。牢记任务的贝儿一入市场就变身为专业的贝老板，到处找人兜售。看到一位漂亮的小姐，小丫头连忙上前询问："阿姨，你想买菠萝吗？""好，多少钱。"漂亮阿姨居然很快就答应了，贝儿爽快答："不要钱。"漂亮阿姨都不敢相信了。热情的贝儿再次强调："我爸爸说不用收钱的，随便看着给点就行。"晕晕乎乎的贝儿只记得了爸爸的话，似乎还没搞清楚任务要求，执着赠送。

不过贝儿的好心也得到了回报，漂亮阿姨也回馈了一百台币，算是顺利开张了。拉客成功的贝儿焦虑一扫而光，再接再厉，业务渐渐熟悉起来，一会儿便又成交了四位顾客。

见到贝儿的成功，守着拖车的杨阳洋也心动了，决定尝试像贝儿一样去寻找顾客。他跟Feynman商量："Feynman，你在这里守着车，好吗？别走。"他走向人群，打量着哪一位是他的准客户。很快，他看准了一位坐着的大哥哥，可是又突然踌躇徘徊起来，不敢上前。

"杨阳洋，快点。"好兄弟Feynman给他打气。可是该怎么开口呢，杨阳洋托腮沉思了一会儿，虽然觉得人多尴尬，小勇士还是鼓起勇气说

话了："哥哥，你要不要买这里的凤梨啊？还有凤梨水，是一百。"

"那就来一瓶凤梨汁。"哥哥很给力，杨阳洋也成功地卖出了第一单。不远的Feynman也跟着好兄弟欢欣雀跃："哈，又多卖了一瓶。"

人生就是这样，很多事情不在于你会不会做，能不能做成，只要勇敢地迈出第一步，你就一定会有机会。这就是成长。

成功之后的杨阳洋销售热情瞬间被点燃，继续兜售："姐姐你要不要买凤梨？"可惜这次他找错了对象，对方是个十岁左右的姐姐，没有理他。杨阳洋毫不泄气，又找到了一位阿姨，被他直接拉走，成功！

也许是因为贝儿和杨阳洋的广告效应，小拖车旁边慢慢聚拢了主动来购买的客人，生意火爆起来，三个小老板一会儿时间就收获颇丰。总算到了喘口气的时间了，小老板们商量起了定价问题。之前，贝儿虽然没有再免费赠送，可是也把价格说得很低。对此，聪明的杨阳洋很有主见。

"Feynman，他们都说好便宜，但是我确定一百是最便宜的，那我就

卖五百，好不好？"杨阳洋为了扩大发财计划，决定提高价格了。可是小会议刚刚开了头，又一位顾客上门了。

"阿姨，你想买菠萝汁吗？"机灵的贝儿是个做生意的好手。

顾客阿姨说："菠萝汁，好啊。"

"五百。"杨阳洋按照自己刚才的盘算抢先报了价。没想到顾客阿姨大吃一惊："五百，太贵了。"

"那就一百啦。"Feynman的生意手腕相当灵活，赶忙改变战略。

"是十块。"贝儿又报出了最低价，难道是因为没有搞清楚台币和人民币的区别吗。

一个是五百，一个是一百，一个又是十块，宝贝们，到底是哪一个？顾客阿姨也晕了，只好用十块钱买了一小杯，顺便享受了宝贝们的倒水服务。

第二节
一块钱难倒大影帝

卖冰三娃多多、Kimi和Joe也来到市场贩卖，三个小宝贝每人一个摊位。大姐姐多多用甜甜的声音叫卖，立刻吸引来了顾客，异常顺利地卖掉了两份刨冰。热情耍酷的Kimi的小摊前，已经聚集了好多的粉丝姐姐们。

"你们要买吗？给钱。"Kimi的笑容太有挑逗性了，粉丝姐姐们一阵狂拍。

"给多少？"姐姐问他。"一百块。很好吃哦。"眼神真挚的Kimi全力卖萌，看着姐姐想尝刨冰，笑着叫道："这个是用来卖的，不能偷吃，谢谢。"姐姐给了一百元，Kimi还很有礼貌地说："谢谢惠顾，祝好运。"

萌呆的Kimi魅力超级大，粉丝走了一批来一批。而Kimi牌刨冰的价格也随着老板的心情随意浮动，一会儿一块，一会儿十块，一会儿又只要给钱就行，五份马上就卖光了。

"老板，可以打包吗？"顾客又提出了新的要求。

"打包不行，因为我没有袋子。"小老板回答得一本正经。

"那有汤匙吗？""没有，就用喝的吧。"小老板回答得从容极了。

另一边Joe也在推销自己的刨冰，已经卖出了三份，还剩下两份。怎么办呢？Joe正在伤脑筋。

"我们一起卖吧。"Kimi胸有成竹，卖完自己的刨冰后主动来帮忙，真是好兄弟啊。"谁要买东西，谁要买东西，谁要买东西？"Kimi推着小拖车开始在市场绕圈圈叫卖，不一会儿，就有客人主动上前问价。一个十块，两个二十，片刻间两份刨冰就一扫而空。

卖完刨冰后三个小伙伴清点卖冰所得。多多收入七十元。Joe看了一眼小桶，惊喜地发现自己有个十块钱的硬币。"我也有一个十块，那么

巧，我们还真是有缘呢。"Kimi真是个套近乎的高手。

　　槟榔队的爸爸们带着Grace刚进入市场，就碰到了一位手舞足蹈的热情女粉丝。凭着签名版的林志颖牌大槟榔，顺利卖出两包，开张了一百元。黄磊又趁机推销菠萝汁，两瓶五十元，比老板还便宜的跳楼价，让女粉丝完全无法拒绝。

　　唯一的女老板Grace这时却无心生意，不务正业地赏起鸟来。曹爸拿着热情粉丝老板赠送的点心过来了。一看到可口的点心，小丫头眼睛放光，露出无比灿烂的笑容，过来就想吃。曹爸爸可是有备而来，点心可不容易吃到啊。

　　"姐姐，你要去把那个槟榔先卖掉，才能吃。"爸爸的要求毋庸置疑，Grace接受了。为了心爱的零食，小丫头鼓起勇气当起了推销的槟榔妹。看到可爱的Grace，一位顾客主动搭讪："要卖多少钱啊？"小丫头

脑海里想着美味的点心，弱弱地说："一百块。"幸好，顾客很捧场，签名版不能食用大槟榔顺利售出，小丫头终于吃到梦寐以求的点心啦，真是心满意足。

不一会儿，老爸们到市场中摆下小摊，扎下据点，开始卖力吆喝："走过路过买点饮料啦！"采摘的槟榔成了滞销货，菠萝汁倒变成主打商品了。黄老爸当初的决策真是英明啊。

老爸们卖力的吆喝声终于引来了顾客。"你是在这儿做义工的吗？"顾客阿姨居然认出了大帅哥林志颖。

"对呀。"林帅哥看到阿姨转身准备离开，连忙挽留，"阿姨，买果汁吗？"

这下阿姨可不干了，这明明把她喊老了嘛："叫我阿姨我不买。"

"姐姐，姐姐。"大帅哥急忙改口，还不尽兴，又改，"妹妹，妹妹，买一瓶好不好？"为了卖点东西，大帅哥明星容易吗？乐开花的"妹妹"终于"纡尊降贵"，交易成功，还搭上了一包槟榔赠品。

有了经验的老爸决定改进营销策略，凤梨汁，签名槟榔，合影，进行搭配组合一下再卖出。这一招大受顾客欢迎，最后果汁加上槟榔，再加上全套合影，卖出五百元，果汁加上合影卖出两百元，甚至连Grace的小背篓加上合影，也卖出一百元，碎冰纪念锤加上全套合影卖出两百

元。非卖品也卖出了高价，这三位老爸真不是盖的。

"是姐姐，姐姐！"Grace的粉丝群发现了她。小丫头也打起精神卖东西咯，小嘴一张："一百块。"成交。不一会儿，又来又一拨"姐姐粉"闻声赶来，小丫头的生意手腕愈发熟练，竟然将一千元大钞收入囊中。"我们终于有张蓝色的了。"找出八百元后，拿着蓝色大钞的黄磊美滋滋的。

这时，在马路旁蹲点的凤梨爸爸队，冷冷清清，等半天都不见一个顾客。杨威好不容易卖出一个凤梨后，摊前依然很冷清。干等不是办法，吴镇宇和陆毅拿着打赏箱，决定去附近的饭店和商店兜售。

"要凤梨吗？很好的，很甜。"两位老板一路推销，可是连续两次惨遭拒绝，连免费送给别人都没人搭理。难道这里盛产凤梨，家家都有吃不完的凤梨吗？前途一片黑暗啊。

终于，好不容易有人愿意捧场了，吴镇宇激动不已，可怜兮兮地递上打赏箱："你可以随便打赏点吗？随便给一点，一块钱，意思就可以了。"看着怎么像是电视剧里面的乞丐，吴影帝又开始演戏啦，真是无比凄凉，让人潸然泪下。

顾客果然只打赏了一块钱，小硬币叮当一下掉入桶中，对比里面杨威卖的一百元。两位老爸不得不感叹，还是杨威厉害啊。

两位老爸又走到附近的露天饭店，逐桌推销。吴爸爸改变了策略，决定打出"孩子"这张王牌："谢谢你，你有零钱吗？帮忙让小朋友吃个饭，随便就可以了。"差点就要说"各位大哥大姐发发善心吧"。不过这的确是生财之道，拿到馈赠的钱后，老爸们还有回赠："你要凤梨的话，到对面那个凤梨摊就能免费领了，好不好？老板是世界体操冠军，你十块钱他可以打个空翻。"吴镇宇还趁机推出了新的商品，体操卖艺。

马路边的杨威这时生意却有了起色，三位大陆游客认出了杨威。无法掩盖国人骄傲的冠军光环，让三位游客用三百元人民币买走了剩下的全部菠萝。这让返回的吴镇宇欣喜不已，备尝艰辛的吴爸来者不拒，决定不管人民币能不能买饭，也照单全收。大不了找地方兑换，麻烦一点罢了。

三位老爸找了几处地方也没找到能兑换的，最后，以超低价三百人民币兑换一千台币，找了另一位大陆游客，才兑换成功。按照行情的话，可是能兑换将近一千五百台币的。

不过凤梨爸爸队也算收入颇丰，总共入账一千五百台币；会合了凤梨萌娃队后，又盘点了宝宝们的收入，入账八百台币，总共入账两千三百台币。终于有钱买吃的啦，贝儿激动地大叫："我们发财了！"

另一边槟榔队和刨冰队也收工了，聚在一起盘点收入，槟榔队入账两千六百台币，而刨冰队入账五百台币，加起来是三千一百台币。"哈哈，可以吃大餐。"林志颖已经开始畅想美味的午餐了。

 第三节

贴心宝贝的午餐服务

　　黄老师开始分派午餐任务，为了锻炼宝贝们的能力，他让孩子们自己定菜单，并去餐馆买午餐，而爸爸们就坐在凉亭下的桌上等着宝贝们把餐盒带回来。

　　"这是我们赚到的钱，你们四个人一人先保管一百块，剩下多多拿着，你们一起去完成任务，给我们三个爸爸买吃的吧。"黄磊一声令下，孩子们拿着钱兴冲冲地出发了。

　　而另一边的"凤梨家族"此时已经找好了一家餐厅，饥肠辘辘的爸爸和孩子们准备大快朵颐了。

"红油炒手两份。" "来六个绿豆沙。" "菜肉面要两份吧。"有了钱的爸爸们点餐的底气十足。宝贝们将点菜单往里屋的点餐台一递，一千一百四十元。杨阳洋拿出爸爸给的一沓钱，往前一送："你自己拿吧。"没想到服务员数了数，还差一百四十元，这回大发了。杨阳洋只好回来找爸爸们要钱，麻利地买完单。

下面宝贝们服务了。贝儿、Feynman、杨阳洋三个小跑堂开始行动，第一轮拿筷子和勺子，第二轮拿碗，第三轮取小菜，吴大导演指挥若定，来回折腾的孩子们步伐沉重，筋疲力尽，爹啊，吃个饭好累啊。

终于到上正餐了，甜甜爽爽的绿豆沙是第四轮服务的内容，想着美味，宝贝们终于恢复了一点激情。六大杯绿豆沙可不是个轻松活，Feynman和杨阳洋抬着托盘，走得颤颤巍巍。突然，托盘一晃，六杯绿豆沙全部倒下，三杯更是摔在了地上，汁液全洒在地上。

抬着三杯绿豆沙好不容易回到餐桌的Feynman，立刻向爸爸报告："还有三个全掉了。"

　　害怕爸爸们责备的三个人，顿时陷入不安中。幸好吴影帝有着土豪的气魄，豪气地说："我们有钱，再买。我们不差钱，去，再买三杯。"再次返回点餐服务台的Feynman居然碰上了多多、Kimi和Joe，原来他们也为老爸们买餐来了。

　　怕孩子们烫着，爸爸们亲自动手端来了热汤面，午餐终于可以开动了。满满的一大桌菜，真是丰盛啊。贝儿豪气干云地说："我要吃三碗面。"

　　"什么？三碗！"Feynman完全被对面的"女汉子"震到了。

　　另一边，能干的多多和Joe也打包好午餐，准备往回赶了。Kimi却不知一个人去了哪儿，原来这个调皮蛋偷偷一个人去买冰淇淋吃了。香草冰淇淋，不要搭配，要汤匙，要求简单明了，现在的Kimi自理能力一级棒。

　　爸爸们等在凉亭里正憧憬着大餐。"两千六百，加上五百，等于三千一百，够吃多好的大餐啊。"林志颖想着就开心起来。

　　宝贝们陆续返回了，把带回来的食物往桌上一摆，两大杯西瓜汁，三盒豆腐，一盒黄瓜，几根烤香肠，这就是想象中的大餐吗？爸爸们吃得一声不吭，顿时秋风萧瑟，西北风喝得稀里哗啦的。与凤梨家族那边一比，反差强烈啊。

不过，宝贝们亲自动脑动手的收获，也显得更加珍贵。毕竟，看到宝贝们的成长，才是爸爸们最幸福的事。

第四节
海上抢海鲜

午餐结束后，在市场粉丝的欢送下，老爸和宝贝们向着下一个目的地出发，在无边的大海上，还有任务等待着大家。

来到了一条小溪的入海口，午休后的爸爸和孩子们又要面临新的挑战：六个家庭各划一个皮划艇，到达海中的海鲜台，每个家庭都要拿到一只鱼，两只蟹，三只虾，看谁最快返回。最后三名将要接受惩罚，到入海口脸冲大海浪做十个俯卧撑。

比赛开始，爸爸和宝贝们都穿上了救生衣，登艇奋勇前进，宝宝们喊着加油，向目的地进发。蓝天碧海之间，老爸们舞桨如飞，体操王子杨威果然是练家子，抢臂快速无比，率先到达海鲜台，黄磊紧随其后，而吴镇宇是第三名。

黄磊着急登台，没想到反作用力却把船蹬开了，多多连船随着水流漂走了。黄磊回头一看，惊呆了，但是他知道多多会游泳，又有救生衣，没有太担心。他安慰多多说："多多不要起来，坐着不动啊，一会儿你划过来，爸爸接你啊。"说完，拿着桶开始在海鲜台上的塑料水池中抓鱼。

着急登台的吴镇宇情况跟黄磊一样，Feynman也漂走了，可是吴爸爸只想着抓鱼，完全没有察觉。杨威很聪明，没有急着登台，而是先把皮划艇跟海鲜台固定住，然后才从容地跳了上来，杨阳洋终于避免了被漂走的命运。

Feynman孤身一人越漂越远，后面的曹格都着急了，担心地说："Feynman不要乱动哦，Joe，我在这里陪Feynman。"细心的曹爸爸，决定在船上照顾孩子，随着Feynman的船一起，慢慢漂远。

这时，陆毅也接近目的地了，正准备登台的时候，他的桶却不小心掉水里了。没办法，陆爸爸只好奋不顾身跳下水救桶，并拉着船抵达了海鲜台。"爸爸，我要走了。"刚刚登台准备抓鱼的陆爸爸突然听到贝儿的呼救声，才意识到女儿要漂走了，赶紧又跳下水，把船拉倒海鲜台固定好，这下贝儿安全了。

吴镇宇这时回过神来，转头一看，儿子和船都不见了："Feynman呢？"可把吴爸爸吓坏了，连忙高声大喊："Feynman。"被遗忘的Feynman，漂在何方？

多多、Feynman还有曹格一家，已经漂出很远了。幸好节目组安排的救生艇及时赶到，将他们的船重新推向了海鲜台，不然他们就要被水流漂到太平洋里去。

第五名到达的是林志颖，Kimi担心船也被漂走："爸爸，如果船离开怎么办？"林志颖吸取了前面几位爸爸的教训，把船牢牢地固定好，这才开始抓鱼。

捞完鱼蟹的吴镇宇，终于决定找儿子啦，可是当他通过别的船再跳向自己的船的时候，却不慎落水，刚刚捞好的鱼蟹全跑回大海里去了。爸爸好囧，"哈哈哈！"Feynman在一边幸灾乐祸。

塑料水池边，围着一圈的爸爸们正激烈地捞着鱼虾蟹，友谊第一，比赛第二，火热赛事中爸爸们相互帮助的，很快就各有斩获。

第六名的曹格终于在救生艇的帮助下到达了。爸爸的小帮手Joe自告

　　奋勇去抓海鲜，有了其他爸爸们的帮助，Joe的小桶里也很快有了收获。

　　多多的船刚刚碰到海鲜台又被弹开，开始漂远。一旁的好妹妹贝儿着急地大叫："Feynman爸爸，快救多多。"可是因为风浪太大，在水里埋头推船返回的吴镇宇根本听不见。不过，海鲜台上抓完海鲜的黄磊却听到了。多爸纵身一跃，跳入水中，去救多多了。

多爸赛后回忆说："我跳到水里去，往多多那儿游的时候，我突然想到，那次我们在新叶的时候，在那个池塘，我觉得反正我就是要在她旁边，我要把她带到我身边，我要把她照顾好，我觉得这个对我来讲是很关键的一件事。"

终于，黄磊顺利接到女儿准备返航。而其他爸爸们抓海鲜也收获很大，吴镇宇也再次到达了海鲜台，可是他的儿子和船又再次漂走了。曹格带着Grace，也随着Feynman漂远，曹爸为了救Feynman，决定将两条船临时合体，将Feynman接到了自己的船上，而另一条船被迫舍弃。

海鲜台上，林志颖帮助Joe抓好了海鲜，其他爸爸们也陆续抓齐了，大家准备返航。

"我们应该是第一吧。"Kimi高兴地问爸爸。

"没有，第一有人回去了。"林志颖很享受海上的风景，划得不徐不疾。

此时，遥遥领先的陆毅破浪疾行，顺利拿下第一名。一直以来，陆爸爸完成任务的积极性是最高的，他想让女儿觉得爸爸是最棒的，以爸爸为荣，所以很拼命。

接到女儿的黄磊紧随陆毅之后，拿到第二名。而吴镇宇和曹格两家共用一条船，也奋力地到达了，曹格是第三名，而吴镇宇由于丢了船，就不能算了。

"爸爸，我们输了怎么办？"Kimi问爸爸。

林志颖安慰他："没关系啊。"

"爸爸为什么输？"村长想让Kimi懂一些道理。

"因为爸爸帮助别人。"Kimi开始懂事了。

"那爸爸输了你不怪他是不是？"村长继续问。

Kimi认真地摇摇头，他长大了，已经懂得了，完成任务比输赢更加有意义。而另一位男子汉杨阳洋，也成长了，当问到哪三位老爸是后三名的时候，他主动举起了小手，一直好胜的他也悄然发生变化，不介意比赛的结果了。

　　输了的三位老爸在刺激的巨浪中接受了十个俯卧撑的惩罚。可是其他老爸和孩子们也在巨浪中找到了欢乐，全员排成一排，迎接海浪的到来。让快乐停留得久一些吧，同舟共济，这是温暖大家庭的狂欢时刻。

第五节
不愿结束的旅行

　　晚上，节目组为爸爸和孩子们安排了又好吃又好玩的烧烤演唱会，大家将狂欢又进行到另一个高潮。

　　爸爸们精致地烧烤着各种美食，而宝贝们玩着"抓女生"的游戏，天真无邪的孩子们在欢快地奔跑着。

　　多多和贝儿相约去共赏海景了。这对浪漫的姐妹俩！"这儿特别特别漂亮。""你看就像云一样。""嗯，像掉下来的云彩。"

　　吃完美味的烧烤后，演唱会开始了，爸爸们伴着海风唱起歌来。在林帅哥的歌声下，Kimi更是帅气地跳起舞来，其他的宝贝们也跟着跳起来。

　　快乐的时光总是如此短暂，唱完歌的林志颖父子就要结束这次《爸爸去哪儿》之旅，

离开了。Kimi伤心地说："爸爸，我舍不得离开。"可是，爸爸和孩子们谁又舍得呢？不过看着Kimi的改变，大家都为他高兴。爸爸和孩子们一一为他们道别，Kimi忍不住流下了泪水。

接下来，爸爸们和村民进行了对唱互动。吴镇宇和一位阿嬷的《在雨中》博得了满堂彩，而杨威独唱《千言万语》虚无缥缈，音调都快跑到大海里去了，也掌声雷动。吴镇宇做出特别评价："他是个'作曲人'！"陆毅一首《恰似你的温柔》却被曹格听错了，为什么要"掐死"你的温柔呢？最后黄磊的一曲《月亮代表我的心》，表达了对节目组的感谢。

第七站的旅行明天就要结束了。

爸爸和孩子们坐在沙滩上，静静享受这美好的夜晚。黄磊看到女儿羞涩地站在那里，轻轻唱着那首《Over the rainbow》，很认真，她长高了，晒黑了，黄磊突然觉得这是生命中最美好的时光，永不想结束。

就让这美好的夜晚永远地留在心底吧。

　　享受完沙滩音乐节，老爸萌娃们也早早地回去休息了，因为第二天还有一项神秘的探险在等着他们。

　　碧波荡漾的大海，藏着无数神奇的生物，爸爸和孩子们在明媚的阳光下坐船出海了，今天他们要去看海豚。一望无垠的大海湛蓝湛蓝，很美，海风轻拂，海鸟在四周翱翔，老爸和孩子们都特别兴奋。

　　"村长要考考大家，大家知道在大海里面，都有什么鱼？"村长问孩子们。

　　Feynman说："海豚。"这可是最爱。

　　Grace在一旁抢答："还有长长的鱼。村长我不告诉你，这个长长的鱼它跑得很快。""姐姐"说的惟妙惟肖。村长都好奇了，继续问："那是什么鱼？"

　　Grace小声地说："翻车鱼。"小丫头突然羞涩了。

　　"还有吴镇'鱼'！"Feynman突发妙想，把爸爸调侃了。村长十分配合："我们一会儿就把他丢到水里去，好不好？"Feynman笑得诡异，村长，你说了算。爸爸吴镇宇在一旁拿着相机拍可爱的儿子，嘿嘿嘿傻笑。

Joe继续补充："还有大鲸鱼。"贝儿也奇思怪想："村长的美人鱼，村长鱼就是美人鱼。"可是有村长这样的美人鱼吗？

"村长，还有六眼飞鱼。"玄幻小子杨阳洋对《降魔记》念念不忘。既然这么捧场，这可是"大导演"陆毅的第一部作品啊，陆导连忙示范："好，我飞给你看。"他可是"六眼飞鱼"本尊啊。

"六眼飞鱼什么样子？"村长也很好奇。

"六眼飞鱼长长的，一百米。"杨阳洋幻想力很丰富，看来陆导身量太小啊。

站在甲板上，感受迎面吹来的徐徐海风，Joe抱着多多，在多爸的指

点下，演绎了《泰坦尼克号》的经典桥段。其他的爸爸们心痒，忍不住也纷纷模仿，甚至还上演了三人升级版。

可是一路行来，海豚在哪里呢？

"要尖叫一下，这样可以把海里的小朋友叫出来，因为它们的声音和我们的声音很像。"村长出了个主意。孩子们纷纷乱叫一阵。

海豚们仿佛听到召唤一样，真的从海里现身了，在海面上活泼欢快地嬉戏。有的从水里跃起，在空中飞过，爸爸和孩子们都激动得欢呼起来。"这叫六眼飞鱼。"杨阳洋激动地哼起了小曲："我的六眼飞鱼……"

在海豚家族的欢送中，第七站旅行也结束了。再见，大海，再见了，美丽的台湾。

第九章

爸爸去哪儿大结局

　　来，一起跑，前头路挺长，我拉着你跑的时候心里变得踏实，这条路挺有意思的。

第一节
爸爸们要"打架"

爸爸和孩子们的最后一次旅行，将去往大洋洲最美丽的国家之一——新西兰，那里有壮丽的山峰，僻静安逸的岛屿，还有极富特色的毛利文化。著名电影《魔戒》就是在这里取景拍摄，原生态的景色迷倒了世界各地的观众。

不过在飞机落地之前，有一项新的挑战等待着大家。除了Feynman和吴镇宇乘坐另一架航班外，其他的五个小宝贝需要装扮成空中乘务员，为旅客们提供细致周到的服务。

Joe和Grace是英文通，Joe的周到和Grace的甜甜语音服务赢得了旅客们的欢心，而不会英文的杨阳洋就犯难了。外国阿姨想喝橙汁，听不懂的杨阳洋完全石化，幸好有Grace在一旁帮忙翻译。可是"橙汁"两个字怎么写呢？没办法，抽象派的杨阳洋拼了，画下来吧。于是，一位位旅客之后，杨阳洋的点餐牌就成了史上最难懂的点餐牌了。不过他超级认真的态度，细致的服务，也赢得了旅客们的喜欢。

经过11个小时的行程，终于抵达了新西兰，机场上人声鼎沸，看着热情欢迎的观众，感觉像在国内一样呢，宝贝们的粉丝已经遍布地球啦。

乘坐节目组的汽车，五个家庭齐齐抵达集合地点。也许是最后一次

旅行，总要带来一些伤感，Feynman在拍摄前一天，意外地磕伤了眼角，村长和其他的小伙伴们都心疼不已。"侦察尖兵"Joe一眼就发现了放在地上的任务卡，原来这次爸爸和孩子们要按照任务卡上的地址，各个家庭分别找车，不准给钱，到达要寄住的当地五个新西兰家中，而且不能搭乘华人的车辆。

一听这个任务，爸爸们都目瞪口呆，这村长真会"玩人"！看着村长幸灾乐祸地大笑，也难怪宝贝们经常有耍弄村长的冲动啊。

拿到任务卡，爸爸和宝贝们纷纷来到同一条街上各自的搭车点，杨威父子的目的地是塔玛蒂亚街62号，结果当他说出"塞克斯踢兔"，被自己的英语发音给逗笑了。黄磊和多多研究了搭车的手势，用左手竖起大拇指指向想去的方向，就可以了。带着两个孩子的曹格最先叫停了一辆车，结果车主却不知道塔玛蒂亚街在哪儿，真是失望。过了一会儿，黄磊也叫停了一辆，却是华人的车，没戏啊。

想要搭辆车真是难啊，杨威看到一辆垃圾车驶过来，两眼放光。"这个就算了吧。"黄磊赶紧给他灭火。爸爸们望眼欲穿，苦苦等待着。

"咱们俩在这儿打一架，然后警车来把我们抓走，问我们家住在哪里，我们就说我们住在那儿，就警车不要钱。"陆毅干脆出绝招了。这个方法不错，哥们来吧，陆爸爸扔掉行李准备上手了。

这当然是无奈之下爸爸们的玩笑。陆毅又自嘲："问题是没人报警怎么办？"那架就白打了。

另一边的吴镇宇和Feynman也在痴痴地等，受伤的Feynman戴着一副大大的绿眼镜，挡住了伤口，就像一个"苍蝇侠"。父子俩等了半天，也无人问津。

曹格首先打破僵局，在两位卖萌大使的帮助下，叫停了一辆车，外国车主一口答应，终于成功搭载顺风车了。紧接着吴镇宇父子也好运来到，成功搭上车，黄磊父女也遇上了热心的顺风车主。接二连三，爸爸和宝贝们好运齐来，陆毅也顺利搭到车。

四辆车向着目的地驶去，陌生的路途上爸爸和孩子们与车主闲聊，言笑晏晏，终于到达美丽的塔玛蒂亚街。陆毅父女住进了热情的毛利人家庭，曹格一家和另外一户毛利大家庭，一见如故，吴镇宇父子住进了有双层床的当地家庭，黄磊妇女惬意地享受着宽敞舒适的游艇家，而此时的杨威父子还在望穿秋水等车中。

看着小伙伴们相继离去，杨阳洋失落地蹲在地上埋起了脑袋。"杨阳洋，起来，来，亲一下。"杨威赶紧为儿子打气，"大拇指举起来，举大一点，对，对，真棒。"有了爸爸的关心，杨阳洋恢复了精神，再

接再厉，扬起手来继续招车。终于好运降临了苦苦等待的父子俩，他们终于搭上了一辆载着两只小狗的车，到达了寄宿的主人家。也许是跟小狗结了缘，一进入主人家，又一只叫Molly的小狗欢迎了他们，原来主人家也养了小狗宠物啊。不由得小杨阳洋想起了乖乖。

终于，五组家庭全部找到了各自的住所，相隔不远的他们不时还互相串门，孩子们打闹嬉戏，渐渐融入到了这个异国环境。

第二节
各种蔬菜我全包圆了

午餐之后，爸爸要和孩子们分成三组，跟随各自的房主去完成三个神秘任务，究竟会是什么样的任务呢？

原来黄磊父女的任务是新鲜刺激的悠波球大体验。父女俩钻进球里，装着少量水的大型悠波球沿着山坡滚下，颠簸翻滚，好玩有趣，多

多玩得津津有味，一连玩了四轮。而曹格一家和陆毅父女的任务是到丛林里的小溪中抓鳗鱼。曹格拿着鱼叉很顺利就捕获了四条鳗鱼，而用鱼线诱捕的陆毅却还在迷茫中，完全看不到鳗鱼的踪影，最后不得不借用曹格的鱼叉，才在浅水中抓到一条鳗鱼。房东们将抓到的鳗鱼现场切成鱼片，撒上盐，放在带来的烤箱里烤制。百分百的原生态食材真是太美味了，外焦里嫩，大家都吃了个不亦乐乎。

另一边，吴镇宇父子和杨威父子的任务是体验亲子山地自行车。四个男子汉全副武装，向着森林进发。林间的山路上，有着小小的高坡，弯弯曲曲的道路和颠簸让孩子们有点害怕，不过很快就适应了这种新奇的感觉，渐渐开始享受其中的乐趣。

完成新鲜刺激的神秘任务后，村长又给爸爸和孩子们出新的难题了。每个家庭的宝贝都要用50新西兰元，独自到超市买菜，晚上爸爸们将用这些菜为各自的房东做中国菜。各位房东们听到这个消息，都是欢欣鼓舞。

曹格一家最先到达超市。刚进超市门，Grace就开始想念爸爸。"不要这样子。"Joe严肃地说，很有大哥风范。看到超市里的娃娃玩具，暖心大哥哥决定先哄好妹妹："妹妹，快过来。"Grace高兴了，迅速跟上。"买两只，一只送给房东小妹妹。"细心的Joe想得很周到。哄好妹妹后，兄妹俩开始买菜。不放心宝贝偷偷跟过来的曹爸爸，躲在货架后看着他们专心采购，表现不错，才放心地离开了。

兄妹俩打算先买鸡肉，提着篮子到了肉类区，可是哪个才是鸡肉呢？面对各种肉类，两个小宝贝完全陷入迷茫，结果错把鸡心当鸡肉买走。

不一会儿多多也来到了超市，大姐姐目标明确，直奔蔬菜区，可是面对众多的国外蔬菜，购物小达人也认不出来了。"这是洋葱吗？"多多直接求助购物的路人，结果友好的路人告诉她不是。多多也凌乱了，选购葱姜蒜真是伤脑筋。她拿着洋葱认为是蒜，拿着葱又觉得是空心菜，唉，太难了，最后在摄像师的提示下，才摆脱这神秘的蔬菜世界。

另一边，充满活力的Feynman也进了超市，小男子汉牢记爸爸说的"各种蔬菜都拿一点"的嘱咐，准备大干一场。直扑蔬菜区的他开始疯狂搜罗，第一种地瓜，第二种白菜，源源不断地拿了一堆，第三种西红柿，第四种胡萝卜，第五种芹菜，男子汉马不停蹄，大量采购，忙得不亦乐乎，嘴里还一边自言自语："我需要各种各样的蔬菜。"

路遇的多多看着Feynman满筐蔬菜，忍不住问："你们家几个人吃饭啊？"小Feynman完全没明白啥意思，老爸需要嘛，当然是越多越好，继续采购，第六种生菜，第七种黄瓜。大姐姐多多完全惊呆了，疑惑道："你家人怎么那么多？"

"老爸交代了要买各种蔬菜，所有的。"有了老爸的吩咐，Feynman信念坚定，继续买了香蕉和肉肠。终于见到一点荤菜了。多多感叹："听说你们家四个人吃饭，我们都六个人，我买的怎么还没你多啊？"

超市门口，陆毅父女也到了。陆爸爸仔细嘱咐女儿："你觉得什么菜好吃，就放在推车里。千万不要留钱下来，全部用掉，零钱当小费。万一你东西拿多了，钱不够怎么办？"聪明的贝儿兰心蕙质，说："就选两样不要了。"

口味重的贝儿直奔肉类区，第一步成功买到一盒鸡腿。小丫头蹦蹦跳跳，边找边碎碎念："我到底该买什么呢？这全是零食。"嗅

了一下，"不香，是辣的，我不能买辣的。我买什么呢？没有吃的东西啊，去问问人家吧。没有人问，他们都在工作，我们不能打扰他们，我得自己找，嘿嘿嘿。"长腿跑起来真开心，突然又看到猫饼干和狗粮，笑声骤停，"看着很好吃呢！这里就有一碗的话，就把它吃掉。"

兜兜转转，贝儿终于顺利来到蔬菜区。首先就相中了爱吃的玉米，然后不管认不认识，一个劲地往推车里放各种蔬菜。热心肠的丫头还给多多准备了蔬菜礼物。

第三节
辣椒兄弟，你在哪儿

最后一个杨阳洋也终于来到了超市，在超市门口认真温习着爸爸给的以图代字的菜谱。"土豆五个，鸡蛋十个，西红柿五个，鸡蛋二十个。"不知不觉鸡蛋的数量翻倍了。给大脑录入购物清单后，该进门采购了。

一进门，杨阳洋就遇到了购物完毕正在清点食材的贝儿。"杨阳洋！"贝儿也发现了杨阳洋，像发现宝藏一样激动不已，心情一下变得更好了。"杨阳洋，跟你一起。"说着贝儿就拉着购物车跟上，可是窜得很快的杨阳洋一下就在人群中不见踪影。

原来小买家已经到达蔬菜区，开始搜寻辣椒了："哪里有辣椒，我想要买辣椒，没有我想要的菜。"杨阳洋来来回回寻寻觅觅。此时贝儿终于找到了杨阳洋："我终于找到你了。你真可爱，来给我亲亲。"凑上前亲了小弟弟的脸蛋，"真可爱。"搞得害羞的杨阳洋不好意思了。

"我亲不够他，我怎么亲不够呢？"没想到走远的贝儿又折返回来，在杨阳洋两个脸蛋各亲一口。（小姐姐可爱煞了他啊。）

"辣椒，辣辣的椒。"和同伴告别，杨阳洋继续寻找着辣椒。辣椒兄弟，给个回应呗。可是辣椒一直不出来，没办法，小男生只好转战肉类市场。妥妥地搞定一袋肉后，杨阳洋又折返回来，咦，这绿色的不是辣椒吗？（兄弟，你原来在这儿啊。）

此时，Joe和Grace驻足在糖果区，虽然逛了好半天，买到的食材还是很少。可是鲜丽的糖果却牢牢地抓住了宝贝的心。"喜欢长长的小蛇橡皮糖，什么颜色的才好呢？我不想要黑色的，我想要红色的，还有彩色的。""姐姐"看着糖果眼睛放亮。

"好像我们刚刚抓到的鱼。"Joe想起了在丛林小溪里抓的鳗鱼，于

是买了一大包，让Grace欣喜不已。可是食材还没有买齐，该买什么呢？Joe决定改变策略，主动向超市员工寻求帮助。

热心的店员逐一帮兄妹俩选定食材，采购变得顺利起来，一会儿就买完了。"可以去找爸爸了。"Grace欢喜雀跃。兄妹俩顺利在收银台结账，一共四十多新西兰元，没有超购，完美完成任务。

另一边多多和Feynman采购完毕，又在收银台相遇了。像大批发进货般的Feynman马上就不淡定了，食材一划价，一共是126.41新西兰元，50新西兰元怎么够呢。没办法，Feynman又只好一样样把多余的食材拿出来退掉，最后结算49.22新西兰元，总算完成任务了。

多多的食材也超购了一部分，退掉一部分后，也顺利买单。贝儿这时采购了最后一样巧克力去付钱了，也遇到了跟多多一样的问题，超购了。没办法，只好退掉部分食材，顺利完成采购任务。放松心情，自带伴奏，小丫头抒情离场。

杨阳洋还在蔬菜区疯狂扫货，小家伙已经完全把购物清单抛之脑后了。"反正我不知道，我就都买了，随便买，这味道是什么味道的，反正买就买呗，七个土豆，回家做土豆泥，七个人吃这么多够了。"小买家心满意足地盘算着。

该到收银台付款了。收银员温柔地告诉他，钱不够，还得找人付另外部分。焦急的杨阳洋拿着50元钱发呆，他完全听不懂英文，苦恼不已。小男生拉着购物车返回了采购区，想把食材从购物车中拿出来，可是却拿不动。小男生低着头陷入了语言不通的忧伤。

"我得想一个办法。"杨阳洋开始寻找起来，他决定主动出击寻找帮助，"姐姐，我不太会说英语，你可以帮我说一下吗？"终于看到一位华人姐姐，他怯怯地上前求助。好心的姐姐一口答应。在姐姐的帮助下，杨阳洋顺利退掉多余的货品，34新西兰元，顺利完成买菜任务。

宝贝们把菜带回了家，而老爸们则开始做起了晚餐。

曹格充分利用现有的食材，连糖果都没放过，准备了曹家特供创意饮品：汽水加橡皮糖加可乐。而由于Feynman没有买到肉，吴镇宇不得不发挥十二分的厨艺，进行自救。杨威的食材最充分，秘制盖码饭看起来色香味俱全。黄小厨却由于厨具火太小，完全无法发挥，不过有了多多和Syria两位小厨师的帮忙，也忙得有声有色。可乐鸡翅、糖醋肉、什锦炒饭、番茄烧牛腩、胡萝卜土豆丝，吃得大家赞不绝口。陆毅的晚餐卖相极佳，尝过之后，他才发现有失水准，不过大家都吃得津津有味。

与房主家庭一起共进晚餐，欢声笑语不断，中文、英文、毛利语，也不时地交流着。为了幸福，为了家人，干杯吧，大家永远相亲相爱。时间永远凝聚，在这难忘的晚餐。

第四节
毛利战舞VS萝卜蹲

第二天，罗托鲁瓦和煦的阳光，轻轻洒入沉睡的梦里。宝贝们该起床了。

"起来了，Feynman。"吴镇宇决定唤醒在甜美梦中不愿醒的儿子，首先是零食诱惑，然后是温柔呼唤，最后再疯狂挠痒，可是Feynman依然酣睡，一点效果没有。

这时，门外传来贝儿的声音："Feynman，哈哈哈，Feynman还在睡觉。"原来是早起的贝儿挨家挨户叫醒小伙伴们来了，"爸爸说让我带Feynman一起去找多多。"吴爸强行把儿子抱下了床，往贝儿怀里一递："来吧，你带走吧。""哈哈哈。"贝儿大笑起来，我可抱不动，人家是弱女子嘛，Feynman爸爸真逗。

没办法，小丫头继续出发叫醒其他的小伙伴啦。下一个目标，杨阳洋。

来到杨阳洋家，杨威和儿子正在吃早餐呢。"早上好，阳洋，还有大杨，哈哈哈。"贝儿一进门就跟父子俩打招呼，然后撒娇地用冰冷的手去摸杨威的脸，"好了，冰块进去。"

"冻成冰人了。我脸不会动了。"杨爸爸立刻变成僵尸脸来逗贝儿，然后很僵硬地转过头。

　　"这不是会动吗？"贝儿马上识破，"你怎么吃着东西在说话？"小丫头开始拿起"吃饭不能说话"的规矩了，杨威叔叔不乖啊。

　　这下把杨威将住了，只好老实回答："好，不说话。"

　　人小鬼大的贝儿立刻教育："阳洋爸爸这么大了，也不懂事。"教育完后，立刻走人，"拜拜，我要去找多多姐姐啦。"

　　此时多多刚享用完美味的早餐，一见到贝儿，好姐妹俩立刻热烈拥抱。"多多爸爸，早上好。"懂礼貌的贝儿晨间问候一个都不少。

　　新的一天，爸爸和孩子们陆续收拾妥当，向着朝阳出发。他们将去往一个神秘的地方——原始的毛利族部落。在毛利族部落的大门外，盛装出席的村长已经在等待着大家了。

　　村长告诉大家："毛利族部落的祖先很久很久以前漂洋过海来到这里，这里保留了很多传统的文化还有习俗，接下来要从各位老爸当中，推选出一位首领，进行下面的活动。"

　　"Gary，Gary今天穿得像首领，每次都是大的当首领，这次由年龄最小的爸爸当首领。"黄磊率先推荐。原来曹格今天穿着一身将军的服饰，确实有范儿。在Joe和Grace的热烈响应下，曹格当仁不让。

　　经过了毛利族严肃而热情的欢迎仪式，接下来，爸爸和宝贝们要学习毛利战舞了。大家纷纷穿上毛利战袍，印上毛利族刺青，看着彼此的模样，忍不住学着毛利人做起了很夸张的表情，有模有样。一会儿，老爸和小男子汉们就登上了学习毛利战舞的舞台，"吼。""哈。""嘿。"拍打着大腿大声欢叫着，宛如一个真正的毛利战士了。看着光着膀子、赤着上身的老爸和小男生们，台下的女性小伙伴们都惊呆了，贝儿还忍不住偷学起来。

　　在跟毛利人学习了热烈奔放的毛利战舞之后，爸爸们也要送给毛利朋友一个礼物，教他们玩一个非常有趣的游戏。

　　"今天要教你们玩个新游戏，一个非常有名的游戏，年轻人经常会玩这个游戏，这个游戏的名字叫'萝卜蹲'。"曹格大首领很热情地想把"萝卜蹲"游戏国际化，向毛利朋友介绍起来。爸爸们也排成一排热情地为毛利友人演示萝卜蹲玩法，这下萝卜蹲真的冲出亚洲，走向世界了。

　　看到爸爸们玩得高兴，坐在一边的Joe也不甘寂寞，扬起手来开始搞怪："不要蹲，不要蹲，不要蹲了，狗屎蹲，狗屎蹲，狗屎蹲，狗屎蹲完，马桶蹲，马桶蹲，马桶蹲了，狗屎蹲。"这是创新版的"狗屎蹲"玩法吗？

　　场地上，中国的"萝卜"和毛利族的"萝卜"开始要蹲了。五位爸爸和五位毛利朋友排成一排，排好序号，A，B，C，D，E，F，G，H，I，J，毛利的"小胖墩"都弄晕了："我是什么？"幸好杨威告诉他："你是H，H萝卜蹲。"

　　"准备好了吗？女士们，先生们。2014国际萝卜蹲比赛开始。A萝卜蹲，A萝卜蹲，A萝卜蹲完C萝卜蹲。"A萝卜曹格开始蹲了，声音高亢雄浑，怎么还是感觉像毛利战舞呢。"萝卜蹲"迅速传递下去，C萝卜吴镇宇瞪起眼睛搞怪，D萝卜的毛利朋友更是用生命在呐喊。

到了H萝卜了，毛利小胖墩完全没搞清状况，张着嘴发愣。这本该淘汰出局了，不过照顾到毛利友人第一次玩，这一轮就当热身赛了。在杨威的提醒下，H萝卜终于开始蹲了，迅速传递到C萝卜，再传到A萝卜，A萝卜的曹格也一时没反应过来，惨遭淘汰。毛利朋友都惊讶了，真神奇啊，竟然比我们先淘汰。

游戏继续进行，重新排序，迅速淘汰了陆毅、黄磊、杨威，场上就剩下吴镇宇和4位毛利"萝卜"了。没想到中国的游戏，中国"萝卜"反而一个个犯了迷糊。陆毅错记了自己的序号，黄磊说话舌头打卷，杨威传递下个萝卜，结果超了号，没传到人，最后只能靠吴英雄为中国"萝卜"争光了。

吴镇宇大萝卜要以一对四，任务艰巨。不过幸好，小胖墩又犯迷糊，出局，另一位毛利猛男也口齿错乱，被淘汰。留在场上的三个都是悍将，吴镇宇蹲得腿都要抽筋了，两位对手却还是沉着冷静。吴镇宇没办法，首先咬定一个，疯狂出击，把对方蹲成了思维惯性。然后再来一招声东击西，果然没反应过来的对手又开始蹲了下去，淘汰出局。

最后就剩下吴镇宇"萝卜"和毛利的Happy"萝卜"终极对决，气氛紧张。在人数锐减的情况下，思维就不容易出错，两人完全凭着意志力顽强作战，两条腿都要蹲成树桩了。吴镇宇语速越来越快，但是Happy也不白给，两个大萝卜僵持不下，比赛进入白热化状态。终于，在体力急速消耗的情况下，Happy大脑突然空白，出现失误了。

中国"萝卜"艰难地取得了游戏的胜利。

第五节
呜呜，爸爸要被压死了

　　夜晚过后，小鸟开始在林间觅食，新西兰草原的羊驼也开始眺望初阳，罗托鲁瓦的晨曦再次来临了。爸爸和孩子们又要开始新的挑战了。

　　迎着清新的自然之风，大家来到了橄榄球场。今天爸爸和孩子们的第一个活动就是打橄榄球。英式橄榄球运动是不戴护具的，有一定的危险性，所以一般职业运动员都非常强壮，而且非常勇敢，可是爸爸和孩子们能做到吗？

　　"我能。"小杨阳洋非常有自信。

　　"我也能。"受伤的Feynman依然斗志昂扬。

　　可是他们的对手是谁呢？如果面对世界上最强大的对手，小小男子汉们还能这么信心满满吗？一队身着全黑色运动服的斗士跑步进入了运动场，一个个精神饱满，强壮有力，原来他们是拿过好几次世界冠军的橄榄球队——新西兰全黑队。

　　"这个撞下去可不得了啊。"面对世界顶尖级的王牌对手，曹格备感压力。

　　咦，为什么全黑队里有两个异样的男子呢？一个戴金发，一个身材明显矮小。爸爸们敏锐的洞察力立刻发现，原来这两位队员来自中国的影帝级人物，黄渤和佟大为。爸爸们立刻火力全开，决定好好"接待"一下两位新朋友，一会儿开赛，给他们俩全摔倒。

　　"各位老爸们不要恐惧，全黑队虽然是世界冠军，但是不是每个人都身材特别强壮。"村长瞧着佟大为和黄渤，为爸爸们打气。

"当然，一颗'老鼠屎'，坏了一锅粥。"调皮的吴爸立刻开始打趣新朋友。

"不止一颗，有两颗，我确定。"黄磊也来帮腔。

比赛正式开始了，英式橄榄球的比赛规则，是球员只能横向或向后方队友传球，持球进入对方的得分区叫达阵，达阵的队伍能得到5分。爸爸们和全黑队的球员重新打乱分为黑队和黄队，曹格、陆毅、吴镇宇和黄渤加入了黑队，而杨威、黄磊和佟大为加入了黄队。

黑队率先发起进攻，队员们立刻在场地中跑动起来，黄渤从队友手中接过球，却敌我不分，大方把球传给了佟大为。这下"小佟子"可乐开了花，拿着球就往反方向跑。爸爸们都被这俩"老鼠屎"逗得发笑，果然无愧于这个称号啊。"小佟子"带球到得分区顺利拿下5分，黄队开局领先。黄渤的背叛行动引起了黑队的一致声讨，"吴大队长"声称要内部讨论，严肃处理，抓住黄渤就不放手。

"我们胜利了。"杨阳洋和多多在旁边为两位爸爸欢呼。

　　重新开球，在一番抢夺下，吴镇宇终于顺利拿到球，怀着对开局失利的满腔斗志，"吴老大"拼了，抱着球就往得分区跑。可是一路阻挡连连，前进步步艰难，终于好不容易接近得分区，杨威和黄磊双双抱紧了吴镇宇的腰，完全走不动了。吴镇宇没办法，使出浑身力气往前一摔，倒在地上，伸手把球拍在得分区里，拿下5分。

　　5∶5，黑队和黄队暂时战平。

　　再次开球，比赛一下子进入白热化了。抱头，围抢，抱脚，扭打，纠缠，混乱，爸爸们完全拼了，就快成倒在一起"叠罗汉"了。佟大为和吴镇宇都再次拿到球，但是很快就被抢断。一番激烈争夺之后，曹格拿到球，赶紧连续灵活闪避对手，在好几个假动作之后，终于抵达得分区，黑队10∶5领先。

　　"黄队输了，嘿嘿嘿。"看着爸爸进球，Grace美滋滋地在一旁做着实况转播，惹得一旁的多多紧紧盯着她，那眼神像是在说：下半场等着瞧吧。

　　下半场黄队开球，可是却一脚直接送入对手怀里。曹格真不是盖的，经过激烈的争抢又再次拿到了球，艰难抵达得分区再拿5分。

　　"黄队输了，看你不知道吧。"Grace继续大声欢呼。杨阳洋不甘示弱："我们得了一次分。""那也输了嘛。"小丫头非常得意。这是球场战火再起，看着球被黄队抢走，小丫头不停地大叫："黄队，讨厌，黄队，讨厌。"

　　"姐姐，我们给对方加油，好吗？"多多实在看不下去了，友谊第一嘛。

　　"不要，叫我爸爸输。"Grace年纪太小，还没理解友谊第一的理念，她的小小心灵里爸爸最重要了。

　　"黑队加油，黄队加油。"多多换了个思路，"我们一起为两个队加油好吗？"

　　"大家加油！"Grace酝酿了一会儿，还是喊了起来。看来小丫头还是很知道团结友爱的嘛！好宝贝，真棒！

　　在宝贝们的加油声中，比赛结束了，黑队15：13获胜。黄队点球得3分，最后关头，黄队又追回一球，橄榄球友谊赛圆满结束。

　　输了的黄队要推选出一个人，来接受叠罗汉的惩罚，杨威稀里糊涂，莫名其妙就成了那个"幸运儿"。可怜的杨威被压在了草地上，七八个人一下扑了上去，压得杨威惨叫声声。看着可怜的爸爸，杨阳洋不知所措，心疼地大哭起来，小男生担心爸爸被压坏了。

　　结果当大家都起来后，杨爸爸却像没事人一样爬了起来，原来压在他身上的高壮大汉用手帮他支撑了上面的重量，他一点事没有。看着杨阳洋的表现，杨爸爸暗爽不已，直夸："真是一个好儿子。"超级喜欢杨阳洋的吴镇宇一把抱着他压在自己身上，马上把小男生逗的破涕为笑。

看着爸爸们玩得过瘾，宝贝们也急不可耐了。黄队的Joe、Feynman、Grace对红队的多多、贝儿和杨阳洋，一开场，就玩得不亦乐乎。多多上前就抱住Joe不放手，让拿着球的杨阳洋冲入对方得分区，如入无人之境，轻松拿下5分。

"放开我哥哥。"着急的Grace护哥心切，不停地拉扯多多。多多不敌"强大"的对手，马上跑开。小Grace不放过欺负哥哥的人，追着后面跑。

再次开球，孩子们全情投入，Feynman拿到球后，可是马上就被对手压在地上。由于Feynman眼角有伤，吴镇宇赶紧上前护住。贝儿拿到球了，转身就跑，结果把球丢进得分区，终于听到爸爸们的喊声："方向反了。"贝儿进了一个乌龙球，懵懵地在原地发呆，小丫头真是太抱歉了。

赛场上，孩子们跑动的身影，让人一下就想到了第一站时的天坑杯足球赛，场景何其相似，只是孩子们的表现已经完全不同了。他们成长了，变得更加勇敢、活泼、自信。

第六节
神奇的魔戒

为了感谢黄渤和佟大为，调皮的爸爸们给了他们一个为大家做午餐的机会。可怜的两位大明星只好操着极不熟练的厨艺为大家"献丑"。还好有了爸爸们的帮忙，午餐也像模像样，大家都吃得赞不绝口。而两位大明星在午餐之后就跟大家告别，离开节目了。

下午爸爸和孩子们将要参加一场神秘的魔幻之旅，地点在霍比屯，这里是国际著名电影《魔戒》的拍摄地。那是一个充满魔力的戒指，戴

上它的人将得到世间最珍贵的礼物。透过魔戒之眼，无尚荣辉正在唤醒失散已久的记忆，光耀大地的力量就蕴藏在这里，而能够拥有这份馈赠的生灵，就生活在这片纯净的世外桃源里。这片神奇的土地，也因为他们焕发着勃勃生机。山川、河流，在这里交相辉映，原野、森林，在这里蔓延铺展，如同童话世界一般的田园生活，造就了他们亲近自然、享受生活的天性。

爸爸和孩子们都化妆成了霍比特人，在这片天地里尽情游玩，到处是矮小的洞穴居所，还有赋予魔幻色彩的怪树，不时还能看到美丽的"天使"，他们跟"天使们"交谈，然后欢快的追跑。他们浪漫温情，他们古怪精灵，他们勤劳勇敢。而且，好客的他们乐观开朗，虽然某些时候难免会有一些小摩擦，但这并不妨碍他们心怀理想。

面向未来，敞开怀抱，热爱生活，他们就是这样一群可爱的霍比特人。

在"甘道夫"村长的指引下，他们来到了一处霍比特人的居所，精

致的房间里摆满了丰盛的晚宴。"霍比特人们"惊喜入座，"甘道夫"有一个最意想不到的神迹要呈现给他们。

"各位亲爱的霍比特人，还记得你们在地狱之门找到的魔戒吗？""甘道夫"说的是昨天在"地狱之门"温泉里，爸爸们费了九牛二虎之力找到的六个魔戒，小伙伴们充满了好奇。"甘道夫"继续说："请把魔戒拿出来戴在小朋友的手上，戴上它的话就会有神奇的事情发生。"

小霍比特人们赶紧戴上了魔戒，期待着神奇的事情发生，3、2、1！只见房间的门徐徐打开，娉娉袅袅地走进五个如画般的美丽天使，头上戴着花环，手里捧着仙酿，如梦幻一般。"各位亲爱的老爸们，这些美女你们可以随意挑一个做你们的新娘。""甘道夫"很大方地说。

"哈哈哈！"爸爸们大笑起来，原来是五位妈妈来了。小宝贝们非常开心激动，这真的是好神奇的事情啊。妈妈的到来，让晚宴气氛瞬间到达高潮。

五个家庭美美地享用着美食，看着视频里回顾的八次旅行的点点滴滴，那么熟悉的话，那么的刻骨铭心，爸爸们禁不住热泪盈眶。

在选择谁住树屋时，多多说："因为姐姐和Joe哭得很伤心，他们很想要他们的爸爸。"

在黑夜中回到山洞的家时，多爸说："我还要再活60年，在她上山的时候，在她后面举个灯。"

在市场买了自己喜欢的鞋后，贝儿知道错了，哭着将台灯送给老奶奶："这是我送您的礼物，奶奶喜欢就好。"在摔了跤后，贝儿会摸着

伤口说："我勇敢，我勇敢。"

因为贝儿的一句话，陆爸也哭了："她说爸爸，我希望你不变老，真的，我爱你。贝儿你说得对，爸爸真的不会变老，爸爸是老顽童，一直补刀就老不了。"

在遇见野人时，杨阳洋坚信自己："他是森林之王，后面是森林之哥。"在一个人完成任务时，他会勇敢地说："我是不需要爸爸的大哥哥。"

"以后爸爸不在，你要照顾妈妈好吗？你是男人，可以吗？因为人生无常，不知道哪一天我就突然间离开这个地球，还没把你教育好，真的不好了。"面对儿子，吴镇宇爱的方式是严厉。五十多岁的爸爸担心自己年纪太大，总是担心时间不够，想尽快把儿子教育好。

"我不是胖嘟嘟，我只是肉很多。"可爱的Grace很有特色。吃羊肉时，她超级认真地说："不能吃羊，因为我喜欢羊。"在Grace需要帮助时，Joe总会说："哥哥帮你。"两个小兄妹相亲相爱。

尽管《爸爸去哪儿》第二季已经画上了句号，但是，这八站的旅行不仅是一种生活的体验，一场心的跋涉，更是一份爱的体悟。感动之中，爸爸和孩子们懂得了幸福，更懂得了成长岁月中爱的刻骨铭心。